D1870039

Michaela Merten
Pierre Franckh

Der ganz alltägliche Beziehungswahnsinn

Michaela Merten
Pierre Franckh

Der ganz alltägliche Beziehungswahnsinn

Was er denkt, was sie meint

ARISTON

Bibliografische Information der Deutschen Bibliothek

Die Deutsche Bibliothek verzeichnet diese Publikation
in der Deutschen Nationalbibliografie; detaillierte bibliografische
Daten sind im Internet unter http://dnb.ddb.de abrufbar.

© Heinrich Hugendubel Verlag, Kreuzlingen/München 2007
Alle Rechte vorbehalten

Umschlaggestaltung und Illustrationen: www.creativconnect.de
Produktion: Inga Tomalla
Satz: EDV-Fotosatz Huber/Verlagsservice G. Pfeifer, Germering
Druck und Bindung: GGP Media GmbH, Pößneck
Printed in Germany

ISBN: 978-3-7205-4000-1

Inhalt

Logik

Männliche Logik: zweiwertig

Etwas ist wahr
Etwas ist falsch

Weibliche Logik: vierwertig

Etwas ist wahr
Etwas ist falsch
Etwas ist gleichzeitig wahr oder falsch
Etwas ist weder wahr noch falsch

Dem gibt es nichts mehr hinzuzufügen ...

Logik

Weibliche Logik:

1. Keiner hat recht.
2. Frauen haben immer ein bisschen mehr recht.
3. Streit entsteht immer nur dann, wenn man Frauen nicht recht gibt.
4. Ein Streit kann als beendet betrachtet werden, wenn man reumütig sein Unrecht einsieht.

Vorwort oder Der Mann – das unbekannte Wesen

Ich liiiebe Feldstudien! Der Mann an sich fasziniert mich deshalb so, weil das Leben mit ihm sowohl ein Quell der Freude als auch ein Tal der Tränen ist.

Er reißt uns mit, wirft uns um, und damit wir nicht das Gleichgewicht verlieren, müssen wir stark sein. Kaum ein Projekt hält so viel an Lernaufgaben für uns bereit wie der Mann oder die Beziehung zu ihm. *Ein* Mann hat es geschafft, mich über viele Jahre hinweg zu faszinieren: Mein eigener. Nicht, dass er mein »Eigentum« wäre, *nein*, er bringt mich zum Lachen, stellt mich vor unlösbare Rätsel, hinterlässt Verwirrung und Chaos, ist mal laut, mal leise und so vielfältig und facettenreich, dass die Verhaltensforscherin in mir sich mit großer Vorliebe dem *Lieblingsforschungsobjekt* widmet: Meinem Mann und natürlich dem Mann als solchem.

Seit der wirklich logischen, wissenschaftlich erforschten Erkenntnis »Männer sind Jäger« und »Frauen sind Nesthüterinnen«, ist viel geschrieben worden und Heerscharen von Umfrageinstituten machen sich national und international auf den Weg, das ewige Rätsel der Menschheit zu lösen: Wie schaffen es Männer und Frauen, glücklich vereint zusammenzuleben, ohne sich zu bekriegen? Da die Suche nach der Lösung sich etwa so schwierig gestaltet wie die Suche nach dem Heiligen Gral, sind wir alle noch lange nicht am Ende unseres Lernprozesses.

Viele Prozesse bringen aber etwas zu Ende – zum Beispiel die Scheidungsprozesse. Sie hinterlassen Be-

Das hätte das Vorwort werden können

Dies ist also meine Seite. Sagt der Verlag. Hier kann ich schreiben, wie Männer sich an der Seite einer Frau fühlen. Was sie denken, erwarten und dann tatsächlich bekommen.

Leider ist das nicht die Wahrheit. Es wäre auch zu schön gewesen. Aber leider, nein. Es muss nämlich heißen, dies *wäre* meine Seite, auf der ich schreiben *könnte*, aber …

… es nie tun werde. Denn wenn man in einer Beziehung lebt und es geschafft hat, nicht gleich wieder ausgetauscht zu werden, hat man gelernt, eben *nicht* zu sagen, was man wirklich denkt.

Warum sollte »Mann« auch durch so was Profanes wie die Wahrheit seine Partnerschaft gefährden? Wo man es sich doch gerade so gemütlich eingerichtet hat, die Sender im Fernseher gut geordnet sind und man erfolgreich durchgesetzt hat, am Samstagnachmittag ungestört Fußball sehen zu dürfen.

Ich muss Ihnen auch dringend abraten laut zu lachen, wenn Ihre Partnerin in der Nähe ist. Und falls Ihre Liebste Sie fragt, ob das alles, was hier steht, auch auf sie zutreffen würde, gibt es nur eins, was Sie tun können, um den Sex nicht auch noch für weitere zwei Monate zu verlieren: lügen, abstreiten, auf Unverständnis pochen und behaupten, dass alles, was in diesem Buch steht, zumindest auf der rechten Seite, völlig überzogen und unglaubwürdig sei. Wenn das nichts nützen sollte, loben Sie die linke Seite, sagen Sie, wie sehr Sie sich wiedererkennen würden und wie leid es Ihnen tun würde, dass Männer so sind, wie sie sind.

ziehungsleichen und Jäger, die keine Lust haben, Nester zu bauen.

Dabei könnte es so schön und romantisch sein! Wir bräuchten uns »nur« so zu akzeptieren, wie wir sind. Die vermeintlichen Schwächen des jeweils anderen als Stärken anzuerkennen und die eigene Sichtweise darüber zu ändern. Diese Erkenntnisse gewürzt mit einer gewaltigen Prise Humor, und schon sehen wir dem Ganzen etwas gelassener ins Auge.

Am Anfang der Beziehung war doch alles so leicht und liebevoll! Warum sollte das jetzt alles plötzlich ganz anders sein? Also: Lassen Sie uns einen schmunzelnden Blick auf die Unterschiede von Männern und Frauen werfen. Auf meiner Seite werde ich Ihnen natürlich »nur« die »Vorzüge« der Spezies »Mann« vor Augen führen. Es ist frappierend, wie anders Männer denken! Manchmal hat man das Gefühl, man müsste erst einen Fremdsprachenkurs besuchen, um sich einigermaßen zurechtzufinden ... Dieses Buch soll helfen, Ihnen die Fremdsprache Ihres Mannes näherzubringen. Dabei wünsche ich Ihnen viel Spaß!

Ich weiß jedenfalls, wie es Ihnen geht. Mir brauchen Sie nichts zu erzählen. Sie haben mein vollstes Verständnis.

Ich selbst distanziere mich ja schon jetzt von den folgenden Seiten. Wer will schon nachts das Buch an den Kopf geknallt bekommen und in eine Diskussion verwickelt werden. Diskussionen finden ja immer nachts statt. Seltsamerweise immer dann, wenn man gerade eingeschlafen ist und am nächsten Morgen früh raus muss.

Auch das ist natürlich nicht die Wahrheit. »Jedenfalls nicht meine, Schatz. Ich rede gerne mit dir. Ja, auch nachts um drei. Wobei du mich natürlich noch nie geweckt hast. Und die wenigen paar Male habe ich es verdient. Wirklich.«

Sie sehen, wie verfänglich bereits ein Vorwort sein kann. Am besten, Sie lesen heimlich und behaupten, dieses Buch nie in den Händen gehalten zu haben. Aber welche Frau glaubt schon einem Mann?

Was von einer einzigen Frau erwartet wird

Sie soll liebende Mutter, fantasievolle Liebhaberin, geduldige Zuhörerin, verständnisvolle Beraterin, aufopfernde Krankenpflegerin, bewundernswerter Vamp und erotisches Wunder zugleich sein. Sie soll Hemden bügeln können und mit denselben Händen sein bestes Stück heiß machen. Sie soll ihm das Gefühl geben, er sei ein charmanter Gentleman und gleichzeitig das wilde, unberechenbare Tier in ihm wecken. Sie soll ihn mit all ihrer Leidenschaft überwältigen und morgens zärtlich das gemeinsame Kind wecken. Sie soll eine intelligente, eloquente Unterhalterin sein und daneben ein reichhaltiges Repertoire an schmutzigen Witzen parat haben.

Sie soll umsichtig mit den Finanzen umgehen und dabei aussehen, als hätte sie die teuersten Markenklamotten dieser Welt an. Sie soll ihm vollkommen hingegeben sein und allen anderen balzwütigen Männern einen Korb geben. Sie soll die leidenschaftlichen Momente für sich bewahren, aber andererseits seinen Ruf als überragender Liebhaber in der Welt manifestieren.

Sie soll eine brillante Köchin sein, aber so aussehen, als würde sie von Luft und Liebe leben.

Sie soll selbst eine Top-Figur haben, so dass alle anderen Männer neidisch werden, aber seinen kleinen Bauch »süß« finden, ohne Kommentare über anderweitige »Sixpacks« abzugeben.

Sie soll sensibel, aber nicht empfindlich sein, die Sprache des Mannes verstehen, ohne sie zu kommen-

Was von einem einzigen Mann erwartet wird

Er soll liebender Vater, einfühlsamer Liebhaber, geduldiger Zuhörer, verständiger Berater, aufopfernder Krankenpfleger, bewundernswerter Macho und ein ganzer Kerl sein. Er soll den Rasenmäher reparieren können und mit denselben Händen einen Kitzler stimulieren. Er soll ihr galant die Türe öffnen und sie barsch in die Kissen drücken. Er soll sie nachts an die Bettpfosten fesseln und morgens zärtlich das gemeinsame Kind wecken. Er soll ein witziger Unterhalter sein, belesen und intelligent und reich an schmutzigen Worten in der Hitze des Gefechtes.

Er soll verantwortlich mit der Absicherung der Finanzen umgehen und in intimen Stunden selbstvergessen seine Zunge einsetzen können, ohne seine Fähigkeiten jemals woanders beweisen zu dürfen. Er soll verschwiegen sein, selbst wenn ihn die Erlebnisse der letzten Nacht von den Füßen reißen.

Er soll gut gesittet erlesene Speisen schmecken können und nicht zurückschrecken, wenn sie morgens geküsst werden möchte.

Er muss blind für alle Hautunreinheiten sein und darf Worte wie Cellulitis oder Falten nicht in seinem Wortschatz haben, sollte aber die Fähigkeit besitzen, diese Makel bei all den anderen Konkurrentinnen durchaus negativ zu bemerken.

Er muss nicht nur einfühlsam sein, voller Durchsetzungskraft und beschützend bei Gefahr, er muss auch die tieren und ihm jeden heimlichen Wunsch von den Augen ablesen.

Sie muss alle unangenehmen Hausarbeiten ohne Widerspruch verrichten und die abfälligen Bemerkungen darüber humorvoll ertragen. Sie soll einen hochgestellten, repräsentativen Beruf ausüben, aber nicht mehr verdienen als der Mann. Selbst wenn sie todmüde von der Arbeit nach Hause kommt, soll sie stets bereit sein, ihrem Liebsten eine Fußmassage angedeihen zu lassen.

Sie muss ihm die nörgelnden Kinder vom Hals halten, die süßen gut gelaunten Kinder allerdings zum Spielen vorbeibringen. Sie muss als Beifahrerin Wutausbrüche über sich ergehen lassen, ohne die Straßenkarte aus dem Fenster schmeißen zu dürfen.

Beständig muss sie eine begehrenswerte Wirkung auf ihren Mann ausüben und alles stehen und liegen lassen, wenn er Lust verspürt. Sie soll eine Gewinnerin sein und dabei mühelos Haushalt, Kinder und Arbeit bewältigen, ohne am Abend abgespannt und müde auszusehen.

Vor allem muss sie ausschließlich für ihren Herzbuben da sein. Und damit sie auch seine Herzdame bleibt, kümmert sie sich um seine Mutter, erträgt seine Free-Jazz-Vorliebe, toleriert die wöchentlichen Fußballübertragungen und verrichtet alle anfälligen Tätigkeiten in ständig wechselnden, neuen und teuren Dessous …

Sprache der Frau verstehen, auch wenn sie selber nicht weiß, was sie eigentlich sagen will. Er muss alle unangenehmen Arbeiten im Haus verrichten, und zwar ohne Widerspruch, und schlechte Witze über sich vertragen können.

Er sollte kochen können, aber nicht besser als die Frau, weil das ihr Revier ist, er sollte allzeit bereiter Masseur sein, ausdauernder Rückenkrauler, und gewandt im Eincremen mit Sonnenschutzmitteln.

Er muss stets das Auto lenken, damit sie etwas zum Nörgeln hat, und darf immer neue Straßenkarten kaufen, weil sie sie regelmäßig aus dem Fenster schmeißt. Er muss wochenlang auf den nächsten Sex warten können, sich aber trotz allem Hochdruckstau nicht zu schnell verausgaben.

Er soll ein Gewinner im Beruf sein und Karriere machen, aber abends niemals müde oder unausgeglichen nach Hause kommen.

Und vor allem soll er das ausschließlich und nur für seine Herzdame sein. Und damit er es auch bleibt und nicht auf dumme Gedanken kommt, muss ein Mann auch noch Windeln wechseln, Opernabende über sich ergehen lassen, die Klospülung reparieren, Wasserkästen schleppen, Schwiegermütter abholen, Möbel verrücken, Drei-Tonnen-Teppiche klopfen …

Erstes Date

Es ist zum Haare raufen! Die schönsten und wunderbarsten Frauen verfallen vor dem ersten Date in den immer gleichen an Hysterie grenzenden Ablauf: Sie finden *nichts* schön an sich, haben *nichts* anzuziehen, sind überhaupt *nicht* geistreich und witzig – geschweige denn eine Granate im Bett. Sie stürzen sich in hohe Unkosten, verbringen Stunden beim Friseur und der Kosmetikerin, beraten sich wochenlang mit ihren Freundinnen, telefonieren sich die Ohren heiß, zwängen sich in zu knapp sitzende Oberteile, Unterteile und Unter-Unter-Teile, schnüren sich ihre Blutzirkulation mit viel zu engen Röcken ab und setzen gleichzeitig ihre Höhenangst mit hochhakigen Pumps auf den Prüfstand.

Wenn sie dann endlich mit ihrem Schwarm im Kino oder Restaurant sitzen, glotzen sie ihn mit glasigen Augen an, lachen über *jeden* schwachsinnigen Witz, verstehen natürlich *alle* seine beruflichen *und* privaten Probleme, bestellen natürlich *nur* das, was er empfiehlt, trinken *nur* seinen Lieblingsrotwein (obwohl sie lieber Weißwein mögen). Plötzlich liiieben sie Action-Filme und trinken natürlich noch einen hochprozentigen Absacker in der angesagtesten In-Bar der Stadt. Sie bewundern sein Auto, seinen Anzug, seine Maßschuhe und seine Musikauswahl, während »Gott« sie nach Hause chauffiert ...

Um ein braves Mädchen zu sein, das nicht den Anschein erwecken möchte, gleich nach dem ersten Kennenlernen ins Bett zu hüpfen, hauchen sie ihm

Erstes Date

Männer hassen erste Dates. Und gleichzeitig lieben sie sie.

Denn beim ersten Date können sie endlich ihr Leben wieder neu beginnen. Sie können zu dem Mann werden, der sie schon immer sein wollten. Endlich können sie auch wieder all die alten Geschichten hervorkramen, die andere bereits so langweilen, und neu aufpoliert zum Besten geben.

Der Vorteil des ersten Dates ist aber auch gleich der erste Nachteil, weil man diesem wundervollen, einfühlsamen, zuhörenden, zart besaiteten, sensiblen, göttlichen Abbild von Mann, das man beim ersten Date entstehen lässt, für einige Zeit auch noch nachhecheln muss. Und da kommen wir auch gleich zur eigentlichen Schwierigkeit:

Was für ein Mann will man überhaupt sein? Alle Wege sind wieder offen, die Leinwand wieder weiß, und man kann jede Farbe hervorzaubern, die einem gefallen würde.

Dabei will man doch nur eins, nämlich genau dieser Typ von Mann sein, den sich die Künftige in ihren Träumen ausmalt. Und so macht man sich plötzlich über Dinge Gedanken, die einem sonst völlig leicht von der Hand gingen. Es beginnt schon damit, dass man sich selbst mit völlig blödsinnigen Fragen konfrontiert, die man sich sonst nie stellen würde. Zum Beispiel: Was soll ich anziehen? Die Lieblingshose? Aber die trägt man schon drei Wochen. Und die anderen liegen seit ewigen Zeiten in der Schmutzwäsche. Eine neue Unterhose braucht man beim ersten Date wohl nicht. Aber frische Socken. Auf jeden Fall. Man weiß ja nie, ob man nicht doch unverhofft mit in artig einen Kuss auf die Wange und setzen alle Signale, dass es beim nächsten Date schon ganz anders aussehen könnte ... Beim Hindurchschweben durch die Haustür drehen sie sich im Gang kurz filmreif um und winken schüchtern ...

Im Treppenhaus wird seufzend innegehalten und dem wegfahrenden Geräusch des Wagens hinterhergelauscht. Selig schweben sie dann die Treppe hinauf, betreten tänzelnd die Wohnung und schmeißen sich verträumt aufs Bett – etwaigen Zuckungen der rechten Hand, das Telefon hochzunehmen, um *ihn* gleich auf dem Handy anzurufen, heldinnenhaft widerstehend.

Übrigens: Verhaltensforscher beobachten dieses Verhalten sowohl an 13-Jährigen wie an 70-Jährigen. Ausnahmen bestätigen die Regel: auch bei 80–Jährigen wurde es bereits festgestellt.

Nach dem ersten Treffen kann man die gleichen Verhaltensmuster beobachten: Stundenlanges Warten vor dem Telefon, unaufhörliches Prüfen, ob neue E-Mails gekommen sind, hektisches Hervorkramen des läutenden Handys aus der Handtasche, um dann nach Erkennen der falschen Nummer ein enttäuschtes: »Ach, du bist's« hervorzubringen. Anrufende Freundinnen erkennen sofort an der enttäuschten Tonlage, dass dieser neue Mann ein heißer Kandidat ist und wollen bis ins kleinste Detail alles wissen.

Die Nachbereitung des Rendezvous mit den Freundinnen läuft nach dem gleichen Schema ab: »Er ist sooooo süß!«, »Er kann richtig gut zuhören!«, »Seine Frau versteht ihn nicht. Sie leben sowieso schon in Trennung, er findet im Moment nur keine Wohnung ...«

Die Freundinnen erfinden ganz brav – wie es von ihnen erwartet wird – perfekte Ausreden für die perdie Wohnung kommen darf. Und wenn es dann heißt, Schuhe ausziehen …

Der Mann, eigentlich die Ruhe selbst, gerät also bei seinem ersten Date in heillose Verwirrung und seltsame Hektik. Alle Bekleidungsberatungsgespräche mit den Verflossenen, stehen in so einem Moment ja nicht mehr zur Verfügung. Die Socken muss man also selber waschen und in letzter Sekunde mit dem Föhn trocknen, die Schuhe mit dem letzten Handtuch säubern und dann endlich …

… Frisch gegelt, mit einem Hauch von Aftershave, auch untenrum ein paar Spritzer, man weiß ja nie, sitzt man mit einem seltsamen Dauerlächeln im Restaurant und fragt sich ständig, ob sie interessiert ist. Und interessiert es sie, ob man selber auch interessiert ist? Und wenn ja, wie schafft man es, dass sie interessiert bleibt? Vielleicht noch einen zweiten Wein oder gar Champagner, aber dann errät sie vielleicht, was man denkt, und daran darf man beim ersten Date schon überhaupt nicht, *gar nicht, niemals* denken, schon der bewundernde Blick auf ihre Bluse kann zu viel sein. Ja, das ist zum Beispiel eine ganz wichtige Frage, darf man überhaupt auf die Bluse sehen, die sie doch schließlich extra nur für einen so nett drapiert hat, oder soll man es heimlich machen, kurz und schnell, aber doch so deutlich, damit sie merkt, dass man beeindruckt ist von gewissen Dingen und ihr nur zeigen möchte, dass ihre Zeit vor dem Spiegel – weswegen sie ja so spät kam – sich gelohnt hat. Komplimente machen ja, unbedingt, aber auf keinen Fall über die Dinge, die einen am meisten interessieren.

Und dann die Frage: wann küssen? Im Auto? Vor der Haustür? Auf der Treppe? Aber vielleicht findet sie das zu früh? Und wohin küssen? Auf die Wange, den Mund, die Hand? Darf die Zunge schon zum Einsatz kommen, oder nur ein Distanz-Wahren-Küsschen, mit Beckenflucht, den Po weit nach hinten durchgestreckt? Oder doch ein leidenfekte Selbstlüge: »Er findet dich sicher toll!«, »Er ruft sicher an, wahrscheinlich ist er unterwegs und in ein Funkloch geraten«, »Er hat wahrscheinlich im Moment sehr viel Stress in der Firma.«, »Seine Frau bedeutet ihm sicher nichts mehr. Er meldet sich, sobald er kann.« »Vielleicht ist er auf Geschäftsreise in Asien, und du weißt doch, die Zeitverschiebung ...«

Wenn *er* sich tatsächlich längere Zeit nicht gemeldet hat, nimmt die Abwärtskurve bedrohliche Ausmaße an: »Habe ich was Unpassendes gesagt?«, »Habe ich was Falsches angehabt?«, »Habe ich mich danebenbenommen?«, »Hätte ich über den Witz nicht so laut lachen sollen?«, »Hätte ich über den Witz *überhaupt* lachen sollen?«, »Habe ich das Besteck in der falschen Reihenfolge benutzt?«, »Bin ich zu dick/zu dünn?«, »Habe ich zu große/zu kleine Brüste?« »Hätte ich gleich/ nicht gleich mit ihm schlafen sollen?«, »Hatte ich zu hohe/zu flache Schuhe an?«, »Habe ich sein Auto nicht gebührend bewundert?«, »Hätte ich noch das Thema Fußball/Formel 1/Boxen anbringen sollen?«.

AAAAAAArrrrrggggghhhhhh! Spätestens in diesem Stadium sollte sich die Frau an ihren gefärbten Haaren selbst aus dem Minderwertigkeitsmorast ziehen.

»An ihren Taten sollt ihr sie erkennen, nicht an ihren Worten!« Männer geben uns zwar Rätsel auf, aber nicht unbedingt unlösbare, wenn wir deren Sprache verstehen lernen: Sie reden nicht, aber sie zeigen, was sie wollen. Das heißt im Klartext: Männer sind feige, aber sie senden deutliche Abwehr- und Fluchtsignale, wenn sie etwas *nicht* wollen. Also, wenn sie sich nicht melden, trotz globaler elektronischer Satelliten-Schüssel-Vernetzung und amerikanisch-russischem Überwachungssystem, *wollen* sie sich nicht schaftlicher Kuss, überraschend und latinomäßig, damit sie weiß, wozu man fähig ist und erfährt, dass man interessiert ist, brennend, und wenn sie möchte, dies auch eine Option wäre … doch noch einen Kaffee? Einen letzten? Bei ihr oben, und falls es da Erwartungen in gewisse Richtungen geben sollte, hätte man notfalls frische Socken an. Oder gar nicht küssen? Nur die Hand geben?

Egal. Wie auch immer der Abend lief, auf dem Nachhauseweg ist man sich sowieso sicher, dass man alles falsch gemacht hat und zergeht in Selbstvorwürfen. Hätte man vielleicht doch die Hand um ihre Hüfte legen sollen, um mit ihr nach oben zu gehen? Und war das zarte Winken ein Abschied für immer oder sieht ihre Wohnung einfach nur genauso chaotisch aus wie die eigene, und sie wollte den Schein wahren?

Die Wahrheit wird sich erst in den nächsten Tagen herausstellen. Denn jetzt wird erst einmal jedes Wort auf die Goldwaage gelegt und die eigentliche Prüfung beginnt. Und diese heißt: Wann meldet man sich wieder?

Tja, genau. Ab wann soll man sich wieder melden? Nach allen Anzeichen des Hormonsspiegels, gleich, sofort, auf der Stelle. Aber beim ersten Date macht man nie das, was man eigentlich gerne möchte. Also lieber am nächsten Tag oder noch besser am übernächsten, sonst denkt sie noch, man hätte es nötig. Gerade weil es stimmt, muss man sie ja in Zweifel setzen und eben nicht gleich anrufen. Vor allem muss man sie im Glauben lassen, man sei kein Mann für eine Nacht, auch wenn es solche Männer gar nicht gibt.

Und während man selbst in tiefste Minderwertigkeitsgefühle gestürzt wird, wird das Abbild von ihr immer gottgleicher. Was für Augen und was für ein Mund. Und was für eine Bluse. Hat man vielleicht doch zu oft dorthin geschaut? Und was für ein Hintern. Ja, Männer ziehen auch das in Betracht. Und was für ein Lächeln und dann dieser anmutige Blick.

melden. Wenn sie etwas nicht wollen, kann man sie auf Dauer sowieso nicht dazu bringen, es zu tun.

Was soll das für uns nun heißen? Wir Frauen brauchen uns nicht um 180 Grad zu verstellen, damit wir einen Mann finden! Wir sind eigenständige, wundervolle Persönlichkeiten! Wir brauchen nicht zu Barbie-Puppen zu mutieren, um zu gefallen. Wir brauchen uns auch nicht bis zur Unkenntlichkeit operieren zu lassen, um einen Mann zu bekommen. Unser Selbstwertgefühl *kann* sich gar nicht über einen Mann definieren, also sollten wir es gar nicht erst versuchen. *Er* kann auf Dauer gesehen nicht *unsere* Komplexe wegzaubern. Weder durch besonders gute Turnübungen im Bett, noch durch Rosen und Pralinen. Wir brauchen uns nichts vorzulügen. Wir müssen auch nicht in jede noch so kleine Geste *alles* hineininterpretieren. Wir haben es nicht nötig, kleinen, schwitzenden, glatzköpfigen Männern vorzuspielen, sie seien George Clooney.

Wir wissen es im Grunde doch eigentlich. Es ist an der Zeit, der Wahrheit ins Auge zu sehen: Es könnte sein, dass er einfach nicht auf uns steht. Das ist aber *nicht* gleichbedeutend mit: Ich bin nichts wert, ich kann mich gleich vor die Straßenbahn schmeißen.

Wir brauchen uns nicht an einen Strohhalm zu klammern, den es nicht gibt und könnten die gewonnene Zeit nutzen: Zum Beispiel zum *Finden*, nicht Suchen des Mannes, der zu uns passt! (Aber bevor Sie das wirklich tun, lesen Sie dieses Buch gründlich durch – es könnte sein, dass Sie den Beziehungsalltag noch ein wenig vor sich herschieben wollen ...)

Das ist übrigens der wundervolle Aspekt an einem ersten Date. Man lernt nur sanft lächelnde, neugierig interessierte und atemberaubend verführerische Frauen kennen. Allerdings gibt es diese Art von Frauen nur beim ersten Date. Woanders kann man sie nirgends treffen. Es kann leider auch niemand die Frage beantworten, wo diese Art von Frauen sich die ganze übrige Zeit versteckt hält. Man kann allerdings sicher sein, dass dieser Zustand der Verzauberung nicht lange anhalten wird. Schon sehr bald nach dem ersten Date beweisen Frauen, wie wandlungsfähig sie sein können.

Das erste Date – und das ist das Faszinierende daran – hat nämlich ganz eigene Regeln. Und die lauten: Ich zeige dir heute Abend, wer ich garantiert nicht bin. Kein Mann hat jemals eine Frau erlebt, die wirklich so war, wie sie sich am Anfang ausgegeben hat. Und dennoch fallen Männer immer wieder darauf rein, weil sie sich genau eine solche Frau wünschen.

Deswegen glauben Sie nichts – *aber auch wirklich nichts* – von dem, was beim ersten Date passiert. Nicht dem wundervollen Lächeln, das Ihren Witzen schmeichelt, nicht dem außergewöhnlichem Interesse an Aktienkursen oder dem aufmunternden Nicken, bitte eine weitere Geschichte – vielleicht die, wie man seine letzte Ex losgeworden ist – zu erzählen.

Das Lächeln wird nachlassen, die Witze waren ihr schon immer peinlich und die Geschichten kennt sie bald alle in- und auswendig.

Ganz ehrlich, Männer würden am liebsten erste Dates komplett von ihrer Liste streichen. Aber wie lernt man sonst Frauen kennen? Und zwar so wundervolle wie beim ersten Date?

Zusammenziehen

Wenn die Frau (ganz gegen ihre angeborene Einstellung) naturwissenschaftlich orientiert ist und gerne experimentiert, zieht sie am besten mit einem First- oder Second–Hand-Mann (kommt aufs selbe raus) in eine Wohnung.

Wobei folgende Varianten unterschieden werden müssen:

A.) Frau zieht in eine Wohnung, die bereits von der Vorgängerin eingerichtet wurde.
B.) Frau zieht mit Mann in eine *neue* Mietwohnung.
C.) Frau und Mann *kaufen* sich eine gemeinsame Wohnung.

Zuerst muss natürlich von einem oder dem anderen oder von beiden gleichzeitig der Wunsch geäußert werden, einen gemeinsamen Hausstand zu gründen. Dies kann sich einfach oder kompliziert darstellen. Es gibt die Möglichkeit eines folgenden Idealdialoges:

Mann: »Liebste, ich kann keine Sekunde ohne dich sein! Ohne dich habe ich fast körperliche Schmerzen vor Sehnsucht, bitte lass uns keine Zeit mehr verlieren, nimm deine Sachen und zieh bei mir ein, damit ich dich immer um mich haben kann.«

Frau: (seufzt) »Jaaaa ...«

(Verständlicherweise ist nach so einem Dialog die Bereitschaft, sein gesamtes Hab und Gut der Ungewissheit zu überantworten, besonders hoch.)

Zusammenziehen

Wenn man so richtig »doll« verliebt ist und glaubt, dieser Rausch könne ewig weitergehen, passiert immer wieder das Gleiche. Meist beginnt es ganz schleichend mit charmanten Andeutungen: »Wäre es nicht schön, wenn ich hier öfter übernachten könnte?« Kurz darauf stellt Schatzi garantiert ihre Zahnbürste ins Bad. Noch kichern beide darüber, aber man kann sich sicher sein, dass noch viele andere Dinge folgen werden. Aber nur, um bald darauf festzustellen, dass die Wohnung doch viel zu klein für ein glücklich liebendes Paar ist.

Natürlich zieht der Mann nicht zu ihr, das versteht sich von selbst. Wahre Helden nehmen von ihren Eroberungsfeldzügen die Beute mit nach Hause und nicht umgekehrt. Das aber wiederum will die Frau – jetzt, da sie ihn sicher an der Angel hat, – nun nicht, wo doch ihre Vorgängerin gerade eben erst die Schränke geräumt hat. Wenn man Schatzi also behalten will, einigt man sich besser auf einen neutralen Platz. Frauen nennen es »am neuen gemeinsamen Liebesnest basteln« und meinen in Wahrheit »Entrümpeln«.

Und genau damit beginnen die Probleme. Denn wohin nun mit der Pornosammlung? Wohin mit all den schönen Aktaufnahmen der Exfreundinnen, die man natürlich nur aus rein künstlerischen Aspekten aufheben möchte? Und wohin mit all den Liebesbriefen?

Hallooo, man gibt seine Wohnung auf, also seine Freiheit, sein Fernsehprogramm, seine Chipsabende, die nette Kneipe an der Ecke, aber doch nicht sein Leben. *Oder doch?*

Meistens vollzieht sich aber folgender Dialog:

Frau: »Schatz ...«

Mann: *(blickt nicht von der Zeitung auf)* »Hmmmm.«

Frau: »Meinst du nicht auch, dass wir sehr viel Aufwand betreiben, unsere Zeitpläne zu koordinieren?«

Mann: *(blättert die Zeitung um)* »Hmmmm.«

Frau: »Was hältst du von der Idee, wenn wir mehr Zeit miteinander verbringen würden?«

Mann: *(lässt sich nichts anmerken, ändert aber die Tonlage)* »Hm?«

Frau: »Fändest du es nicht praktischer, wenn wir eine gemeinsame Wohnung hätten?«

Mann: *(verschluckt sich am Kaffee)* »Was meinst du damit?«

Frau: »Ich denke, es wäre vielleicht an der Zeit, etwas gemeinsam aufzubauen.«

Mann: *(röchelt)* »Nun ja, praktischer ist es allemal, es spart ja auch Geld, wir können es ja mal ausprobieren. Das hat mein Steuerberater auch schon vorgeschlagen. Aber du organisierst die Wohnungssuche.« (Nun hofft er, dass sie sich in der Wohnungsfrage jahrelang nicht entscheiden kann.)

Frau: *(überglücklich)* »Ich wusste, du würdest es verstehen!«

Müßig zu erwähnen, dass sie sich gleich daranmacht, diese Idee in die Tat umzusetzen.

Variante A: Wenn der Mann sich in dieser Situation befindet, steht ihm eine größere Umwandlung der Wohnung bevor, denn die Frau hat es sich zur obersten Priorität gemacht, dieses Projekt zu einem optimalen Abschluss zu bringen. Besser ist es, wenn er in der Zeit des Einzuges auf Geschäftsreise weilt oder ander-

Aber die meisten dieser Fragen erübrigen sich sowieso, weil aus angeblichen Platzgründen die eigenen Kartons zunächst »vorläufig« in den Keller wandern, wo sie irgendwann der eigentlichen Bestimmung zugeführt werden. Und glauben Sie mir, die liegt nicht innerhalb der Wohnung, sondern dort, wo die Müllabfuhr wöchentlich ihren Dienst tut.

»Auf keinen Fall Schatz, das kommt mir nicht in die Wohnung!«, baut sich die Süße drohend vor einem auf.

»Wieso eigentlich *mir*, ich dachte wir wollten gemeinsam …«

»Ja, aber dazu bräuchte man erst mal einen gemeinsamen Stil, und damit kenne ich mich ja wohl besser aus.«

Und da steht man dann mit seinen Tassen vom Lieblingsverein, dem Bruce-Lee-Plakat, der überlebensgroßen Beckenbauerkopie, dem neu gekauftem Tisch-Kicker – und die sollen nun alle ein Leben im Exil antreten?

»Wir wollen es doch gemütlich haben!« *Gemütlich* heißt übrigens: Anders, völlig anders, als man bisher gelebt hat. Wenn jetzt noch Worte fallen wie Bruchbude, Chaos, Irrsinn, Puff oder Saustall, in dem man bisher angeblich gehaust hat, sollte man sich nicht wundern. Es geht schließlich um die Verteilung von künftigem Lebensraum, und da greifen Frauen gerne zu den Mitteln, mit denen uns schon unsere Mütter eingeschüchtert haben. Eigentlich könnte man auch drei Wochen in die Kneipe gehen, man hat sowieso nicht mitzureden, aber das geht natürlich nicht, denn wer schiebt dann die ganzen Möbel vor und zurück? Das ist nämlich auch so eine Sache, mit der man Männer mürbe macht. Der Schrank wird nicht einfach dort hingestellt, wo er hingehört, nein, Schatzi muss es ja erst einmal *sehen*, bevor sie entscheiden kann. Und deswegen will sie den Schrank dort haben, wo die Kommode jetzt steht, und die Kommode dort, wo das Bett jetzt steht weitig beschäftigt ist, denn er wird die Wohnung nicht mehr wiedererkennen. Zu Recht, denn nichts soll noch an die Vorgängerin erinnern – alles muss raus. Falls er doch dableiben sollte, wird er Zeuge eines einmaligen Vernichtungsfeldzuges, der seine Ex atomisiert. Eindrucksvoll wird jedes alte Teil kommentiert und adäquat vernichtet – nicht ein einziges Molekül soll noch an *sie* erinnern. Nicht nur die Einrichtungsgegenstände müssen dran glauben, nein, es werden auch die Nacktfotos der Ehemaligen zerstört. Falls der Mann hier Widerstand leisten sollte, wird ein Feuer auf der Terrasse entfacht, und die züngelnden Flammen können sich lüstern an den großformatig fotografierten, primären Geschlechtsteilen laben.

Variante B: Wenn der Mann sich in dieser Situation befindet, wird er sich wahrscheinlich wünschen, in Situation A zu sein, denn jetzt geht es richtig los.

Zuerst werden wochen- bis monatelang die Wohnungsannoncen aller einschlägigen Zeitungen gewälzt. Sämtliche Freundinnen werden alarmiert, und der Mann darf sich beim Betreten seines Lieblingscafés (Apotheke/Autowerkstatt/Steuerkanzlei) nicht wundern, wenn er gefragt wird, ob man denn schon eine geeignete Wohnung gefunden hätte. Beim Frühstück gibt es nur noch *ein* Gesprächsthema, nämlich: »Wann hast du Zeit, die Wohnung zu besichtigen?«

Die Besichtigung desselben findet auf die immer gleich ablaufende Art statt:

Der Mann geht prüfend durch die Zimmer, fragt nach Statik, Infrastruktur, Preis, Mietdauer, Stahlträger, Bauvorhaben in der Nachbarschaft, Parkmöglichkeiten, Süd- oder Nordlage, Kellerräumen, Stellplätzen, Abholzeiten der Müllabfuhr, möchte den Grundriss der Wohnung haben, will wissen, wie die und das Bett muss sowieso näher ans Fenster. Aber da man das Fenster nicht verrücken kann – »Nein, Schatz, leider, das geht wirklich nicht« –, muss der Schrank doch wieder zurück, die Kommode sowieso und am Schluss ist wieder alles so wie am Anfang. Nicht ganz, denn jetzt hat die gute Frau schon allein aus Kraftgründen keine Gegenwehr mehr zu erwarten. Man will einfach nur noch seine Ruhe haben und sich aufs Sofa legen: »Gut, dass du das sagst, Schatz, das Sofa sollte eigentlich noch hier herüber.«

Glauben Sie mir, das hat nichts mit Geschmacksfindung zu tun, sondern ist eine geplante Methode, Männer anpassungsfähig zu machen und vor allem *wohnungskompatibel.*

Und so wird die Wohnung immer *gemütlicher*, während man sich durch einen Dschungel von Grünzeug (Palmen genannt) kämpft, wenn man das Telefon sucht. Aber das läutet sowieso nicht mehr für einen, da es ja dauernd besetzt ist, weil die Süße sich bei ihren Freundinnen bitter über die Gattung Mann beklagt, da sie doch die winzig kleine Pornosammlung – zur Sicherheit im Digi-Format – im Werkzeugkasten, hinter den Büchern und unter dem Bett gefunden hat.

Ich meine, kann man sich auf gar nichts mehr verlassen? Was haben Frauen im Werkzeugkasten zu suchen? »Ich wollte dir den Hammer rauslegen, damit du die Katzenbilder und die Landschaftsaufnahmen aus der Toskana aufhängen kannst. Aber jetzt bin ich nicht mehr so sicher, ob das überhaupt noch nötig ist. Schnief.«

Glauben Sie ihr kein Wort. Es ist nötig. Nachdem man ein paar Schränke und Sofas verschoben hat, werden die Bilder garantiert aufgehängt, und zwar exakt dort, wo sie es wünscht.

Genau genommen ist der Fund der Pornosammlung ein Geschenk des Himmels für Frauen, denn während man nun drei Wochen Bilder und Briefe auf dem Balkon ver-

elektrischen Leitungen laufen und ob die Nasszelle dicht ist. Die Frau betritt die Wohnung und sagt: »Die ist es nicht.«

Der Adrenalinspiegel des Mannes schießt kurzzeitig in die Höhe, aber egal! Eine Frau erfasst eben intuitiv, ob diese vier Wände sich für den gemeinsamen Nestbau eignen oder nicht. Kurze, verzweifelte Grunzlaute des Mannes werden selbstverständlich ignoriert und als hilflose Geschmacksverirrung abgetan.

Nach Monaten des *Suchens* passiert das schier Unglaubliche: Die Phase des *Findens* ist eingeläutet! Die Frau hat den alles erlösenden Ausruf: »Die ist es!« getan, und nun wird der Mann die überteuerte Wohnung erst mal (als Liebesbeweis oder Revierübernahme) komplett renovieren lassen, denn das Preis-Leistungsverhältnis stimmt natürlich hinten und vorne nicht.

Nun ist die Frau in ihrem Element! Sie schwärmt aus – allein oder mit Freundinnen – und richtet das *gemeinsame* Nest ein. Da er Einkaufen ohnehin vermeidet wie die Pest, darf er sich nicht wundern, wenn seine behagliche Decke – die vor Monsterkeimen nur so strotzt – in den Müll wandert und er stattdessen eine flauschige Vielfarb-Variante sein Eigen nennen darf.

Variante C: Wie Variante B, aber deutlich verschärft. Könnte bei unklug getroffenen Entscheidungen und nicht diplomatisch genug vorgebrachten Bedürfnisäußerungen »Zurück auf Los« bedeuten ...

brennt, kann sie die Wohnung so einrichten, wie sie es von Anfang an vorhatte und »wie sie uns doch beiden gefällt, Schatz. Ich habe übrigens noch einen Karton deiner Sammlung gefunden.« Und schon verbringt man weitere drei Monate auf dem Balkon.

Wenn man in einen Neubau zieht, der gerade fertig gestellt wurde, kann man meist ziemlich viele, in sich zusammengesunkene Männer auf den Balkonen *wohnen* sehen, die wie Gefängnisinsassen Tipps für die besten Verstecke austauschen und sich gegenseitig Zigaretten anbieten, weil in der Wohnung sowieso nicht mehr geraucht werden darf. Und wenn man dann nach drei Monaten vom Balkon in die *gemütliche* Wohnung zurückkehrt, haben die Lieblingsschlappen auf mysteriöse Weise den Weg in den Mülleimer gefunden, und man steht artig wie ein Schuljunge vor der einzig leer verbliebenen Schublade und soll sich nun auch noch von den besten Boxershorts verabschieden, die einen lange Jahre treu und artig begleitet haben.

Am besten, man nimmt einen Träger Bier, geht wieder auf den Balkon und wohnt dort für eine Weile mit seinen nachbarlichen Freunden. Das Bett ist sowieso mit angsteinflößenden Teddybären besetzt, im Bad muss man durch flauschige Vorleger zum Klo waten, und während man im Stehen pinkelt, starrt man ein buntes Cartoon an, das Männer auffordert, hier im Sitzen zu pinkeln. Spätestens *jetzt* ahnt man, was Frauen unter *gemütlich* verstehen.

Einrichten

Bei kaum einem anderen Thema treten die Unterschiede von männlichem und weiblichem Denken so offensichtlich zu Tage wie beim Einrichten einer gemeinsamen Wohnstätte – insbesondere der Küche. Dieses Revier wird nicht kampflos dem anderen überlassen. Auch wenn es der Mann später nicht mehr betreten sollte, werden doch so deutliche Duftmarken in der Gestaltung hinterlassen, dass kein Zweifel daran besteht, dass diese Küche ein technisch ausgeklügeltes Meisterwerk eines Genies ist. (Leider findet das Superhirn später nicht einmal mehr alleine den Flaschenöffner.)

Wenden wir uns nun dem Beginn des Entwicklungsprozesses zu:

Mann und Frau setzen sich zunächst freudig zusammen und tauschen sich noch voller Begeisterung darüber aus, welche Optik die neue Wirkungsstätte haben sollte. Sobald die Frau von Farbe und Stil anfängt, springt der Mann hoch und sucht hektisch nach einem Zollstock. Spätestens jetzt sollte die Frau die Flucht ergreifen, denn was nun kommt, hat mit der Zubereitung der Mahlzeiten nichts mehr zu tun.

Es ist relativ unwahrscheinlich, dass die Frau gleich am Beginn der Beziehung die Flucht ergreift – großer Fehler –, deswegen folgt sie ihrem Mann neugierig in den Raum, der später *Küche* genannt werden soll. Diese Grundnaivität verliert sie glücklicherweise proportional zur steigenden Anzahl der Beziehungen, denn

Einrichten

Machen wir uns doch nichts vor. Am Anfang ist alles bestens. Das glückliche Paar bringt seine Möbel in die gemeinsame Wohnung. Die von Schatzi werden aufgestellt, seine wandern auf den Sperrmüll – und alle sind glücklich.

Fast. Denn natürlich reichen die spärlichen Möbel von Schatzi nicht, die geräumige Wohnung voll zu kriegen, also wird eingerichtet. Auch damit ist der Mann prinzipiell einverstanden.

Am Anfang einer Beziehung tun Männer ja fast alles für eine Frau. Gott sei Dank hält diese Krankheit nicht lange an.

Denn schon bald wird dem völlig arglosen Mann klar, dass beim Wort »Einrichten« die Frau zwar gerne »wir« sagt, aber damit meint: »Ich entscheide, und du führst aus.«

Wie so oft fällt der Mann anfangs noch auf das einladende Lächeln seiner Süßen herein und glaubt, er dürfe hier ein Wort mitreden. Meist hofft er sogar – *Männer hoffen überhaupt viel* –, einige seiner Verluste – Din*ge, die auf den Sperrmüll gewandert sind* – wieder erneuern zu dürfen. Voller Freude und planerischer Erfahrung macht er sich also ans Reißbrett, klappt seinen Zollstock aus und hofft auf fachliche Hilfe von seiner Liebsten.

Einrichten – das wissen ja nun alle – hat mit Zimmergrößen, Breiten, Längen und Tiefen zu tun, mit Fragen der Zweckmäßigkeit und des Bedarfs.

Für Frauen hat Einrichten nur mit Farben zu tun. Mit Stimmungen und Zufallsentscheidungen. Und so kann es welche Frau nimmt nach diesen Erfahrungen beim nächsten Mal einen Mann ohne fertige Küche?

In liebevoller Betrachtung beobachtet sie ihren Mann, der mit glänzenden Augen mit Fachbegriffen um sich schmeißt und pantomimisch Oberschränke und Unterschränke öffnet und schließt. Je öfter die Luft mit solchen Aktionen belastet wird, desto mehr kräuselt sich die Stirn der Angebeteten. Leise Zwischenbemerkungen von ihr wie: »Schatz, wollen wir nicht erst mal die Farbe und die Holzart bestimmen?«, werden abgeschmettert: »Was interessiert mich die Farbe, wenn hier keine Schränke und Regale Platz haben.«

(Dazu muss man sagen, dass jeder Sternekoch glücklich gewesen wäre, hätte er diese Raumgröße zu Verfügung gehabt.)

Um den ansteigenden Adrenalinspiegel des Mannes milde in eine andere Richtung zu lenken, macht die Frau einen weisen Vorschlag: »Schatz, lass uns doch in ein Küchenstudio fahren und uns dort Ideen holen.« Ohne zu ahnen, dass dieser Vorschlag den nicht zu überwindenden Unterschied zwischen Mann und Frau öffentlich machen wird, beginnen beide die Reise ins Küchen-Wunderland. Dort angekommen, eilt eine überaus sympathische Brünette auf die beiden Liebenden zu (nichts ahnend, dass sie gleich in ein Wespennest stechen wird) und fragt, wie sie behilflich sein könne. Beide atmen ein und stoßen völlig unterschiedliche Botschaften hervor:

Mann: »Wir haben x Quadratmeter zur Verfügung.«

Frau: »Eine frische, helle Farbe wäre schön.«

Mann: »Wir wollen eine Eckspüle, da sonst nicht genügend Platz für den Geschirrspüler ist.«

Frau: »Wäre eine Arbeitsplatte aus Buchenholz möglich?«

einem passieren, dass man plötzlich frühmorgens aus dem Tiefschlaf gerissen wird und einem zwei völlig identisch aussehende Musterkarten vor die müden Augen gehalten werden.

»Welche Farbe findest du schöner?«

Es gibt absolut keinen Unterschied, außer dass sie beide nicht sonderlich ansprechend sind. Aber ihre Augen funkeln so freudig, dass man jetzt keinen Fehler begehen möchte.

»Die sind ein bisschen ähnlich, aber ich würde sagen…«

»Quatsch doch keinen Unsinn. Das hier ist mintgrün und das grasgrün. Das ist ein himmelweiter Unterschied. Also welche?«

Am besten versucht man erst mal Zeit zu gewinnen: »Wo sollen die denn hin?«

»Jetzt frag doch nicht so dämlich. Das weiß doch jedes Kind. Grün ist die ideale Farbe für eine Küche.«

Jetzt wird es kritisch.

»Wir haben doch schon eine.«

»Das kann man doch nicht Küche nennen!«

Jetzt wird es ultrakritisch – und man ist noch völlig verschlafen.

»Ich finde, sie ist wunderbar«, stammelt man hilflos.

»Woher willst du das denn wissen? Du kennst doch nur den Weg zum Eisschrank.«

Obwohl die Situation anfangs noch so aussieht, als könnte man sie in den Griff bekommen, weitet sie sich nun zu einer mittelschweren Krise aus. Wer mit einer Frau eine Küche einrichten möchte – nein, *muss* –, dem kann ich nur raten, den besten Architekten zu nehmen und selber für eine lange, lange Zeit in Urlaub zu fahren.

Küchen sind ja bekanntermaßen voller technischer Geräte, die Platz sparend und – je nach Rechts- oder Linkshändigkeit – gezielt untergebracht werden müssen. Es gibt immerhin Arbeitsabläufe und es sind Wege zurückzule-

Mann zückt den mitgebrachten Zollstock, während Frau bereits von einer Musterecke zur anderen hüpft und spitze Begeisterungsschreie ausstößt.

Die Verkäuferin – nervlich bereits jahrelang vorgestählt – wendet sich dem Schwächsten in der Gruppe zu (dem Mann) und versucht mit stoischer Gelassenheit die Maße der gewünschten Einrichtung abzufragen. Die Frau setzt unterdessen ihren Erkundungsgang durch die Verkaufsräume fort. Plötzlich hört sie unterdrückte, zischende Laute aus einer entlegenen Ecke, wo sich Musterküchen der Marke *Gelsenkirchener Barock* befinden. Leise schleicht sie sich an, um den Dialog verstehen zu können:

Die Frau: »Du hast ja keine Ahnung, du stehst ja auch nicht den ganzen Tag in der Küche.«

Der Mann: »Wenn wir eine ordentliche Küche hätten, würde ich auch kochen.«

gen. Wenn man hier einen Fehler macht, geht man im Laufe eines Lebens viele Kilometer umsonst, – wahrscheinlich mehrmals um den Globus –, ohne etwas anderes zu sehen als einen mintgrünen Herd und einen grasgrünen Eisschrank. Dies gilt es zu vermeiden. Man will ja nicht, dass Schatzi sich zu schnell in ihrer Küche verausgabt. Müde, überforderte Frauen sind meist nur Opfer einer Fehlplanung in der Küche. Also muss man Winkel und Maßeinheiten beachten. Aber sagen Sie das mal einer Frau.

»Die Ausbuchtung muss halbmondförmig sein.«

Wie bitte? Halbmondförmig? Was soll das denn sein?

»Bitte Schatz, etwas genauer? 90 oder 120 Grad?«

»Das sag ich doch gerade. Halbmond*förmig*. Und in Mintgrün.«

Diesen Dialog gab es wirklich. Mit dieser »amtlichen« Ansage soll man nun als Mann mit Zeichenstift und Millimeterpapier bewaffnet nicht die Krise kriegen.

Dabei verschränkt sie auch noch beide Arme über der Brust und bedeutet einem, man sei ja wohl selbst der größte Trottel, wenn man nicht einmal wüsste was halbmondförmig sei.

Nach drei angedrohten Scheidungen und acht weiteren erfolglosen Versuchen, Gütertrennung zu vereinbaren, geht man ins Küchenstudio, in der Hoffnung, dadurch das Geld für eine Partnerberatung zu sparen. Mit Sicherheit wird man dort einen Mann in meiner Lage verstehen. Die Verkäuferin hat für alles Verständnis. Auch für Männer mit einem Zollstock. Also folgt man ihr begeistert von Küche zu Küche und versucht ihr die Problematik der Wohnverhältnisse nahezulegen. Dann betrachtet man die flinken Finger der Verkäuferin, die mit einem Zeichenstift gekonnt Schränke hin- und herschieben und fühlt sich so richtig verstanden.

»Und die Ausbuchtung«, sagt Schatzi, gerade als alles

Die Frau: »Das glaubst du ja wohl selbst nicht.«

Dieser Dialog kommt ihr irgendwie bekannt vor. Alarmiert sucht sie ihren eigenen Mann wieder auf, der sich mit der brünetten Verkäuferin bestens versteht. Beide zeichnen und malen auf einem Blatt Papier herum: »Schatz, sieh mal, hier kommt der Kühlschrank hin, dort die Spüle und die ganzen Oberschränke, die nach rechts zu öffnen sind. Hier haben wir sogar Platz für ein hohes Regal. Und hinter dem Herd bringen wir eine große Spiegelfläche an ...«

Als »Motivation« fügt man hinzu: »Super, Schatz, dann sieht man die Fettspritzer ja doppelt!« Beleidigt über den Einwand beugt sich der Mann wieder über die Zeichnung. »Du verstehst das alles eben nicht«. *Schön, dann heirate doch diese Brünette!! kommt einem der Gedanke.* Aber stattdessen wird ein leichtes Lächeln aufgesetzt und in einem säuselnd scharfen Tonfall gefragt: »Können wir jetzt zur Farbwahl übergehen?« Nachdem der Mann technisch ausreichend befriedigt wurde, kann er jetzt Großzügigkeit walten lassen: »Aber natürlich Schatz, such dir eine aus!«

Das Küchenstudio wird mit dem Kaufvertrag für eine mintfarbene Hightech-Küche verlassen, deren Preis in etwa dem eines teuren Sommersitzes in der Toskana entspricht. Aber nach diesem schweißtreibenden Entscheidungprozess ist das wohl das Mindeste, was einem als Schmerzensgeld zusteht ...

eine Form bekommt, »soll unbedingt halbmond*förmig* sein.«

Wer jetzt hofft, die Verkäuferin würde den gleichen Gesichtsausdruck zeigen, den man selber bereits seit Wochen aufgesetzt hat, irrt gewaltig. Ihre Augen beginnen zu strahlen.

»Das ist eine wundervolle Idee. Ja, das würde sich sehr gut einfügen. Und welche Farbe?«

Da soll man keinen Vogel kriegen?

Nun ist man selbst völlig abgemeldet. Ein kurzer triumphierender Blick von der Süßen – siehst du, endlich mal jemand der mich versteht – und dann tauchen beide über die Papiere, springen immer wieder auf, besehen sich irgendwelche Ausbuchtungen und weiche Ecken und scheinen überglücklich zu sein.

Stimmungsvoll, wohlig, heiter, launig sind nun die Worte, die eine Küche entstehen lassen. In einer Mischung aus mintigem grasigem Grün.

Doch, ja, die Küche ist super geworden. Es gibt auch technische Geräte. Aber fragen Sie mich nicht, wie die Küche entstanden ist. Es gibt auch einen Eisschrank. Wege sparend direkt neben der Tür. Extra für mich. Schatzi denkt wirklich an alles.

Übrigens: Ihre halbmond*förmig*e Ausbuchtung ist eine Ellipse mit einem Durchmesser von 32 Zentimetern und einem Scheitelpunkt von … Aber wen interessiert das schon?

Hausarbeit

Hausarbeiten sind dankenswert sinnvolle Aufgaben, denen nur von Männerseite her jeglicher Sinn abgesprochen wird. Genauso sieht es dann in deutschen Haushalten mit Kindern unter 16 Jahren aus. Folgende Aufgaben werden, wie das Institut für Demoskopie in Allensbach herausfand[1], von der Frau erledigt:

Waschen, bügeln:	93 Prozent
Fenster putzen:	88 Prozent
Kochen:	82 Prozent
Fußboden und Bad reinigen:	80 Prozent
Abwaschen:	75 Prozent
Staubsaugen:	73 Prozent
Schularbeiten betreuen:	68 Prozent
Kranke Familienmitglieder pflegen:	69 Prozent
Einkaufen:	66 Prozent
Erziehung:	64 Prozent
Elternabend besuchen:	58 Prozent

Dagegen stehen die Aufgaben der Männer mit:

Ausflüge organisieren:	57 Prozent
Urlaub organisieren:	68 Prozent

1 Quelle: »Vorwerk Familienstudie 2006« vom Institut für Demoskopie in Allensbach.

Hausarbeit

Der Mann ist von seiner Spezies her eigentlich ein sehr friedliches »Tier«. Außer man reizt ihn oder stürzt ihn so lange in Verwirrung, bis er selbst bei einem scheinbar harmlosen Gespräch nicht mehr weiß, wo er sich eigentlich befindet. Frauen lieben Ratespiele, und es macht ihnen vor allem deswegen so viel Spaß, weil Männer jedes Mal darauf reinfallen. Geheimdienste hätten ihre Freude an der verbalen Verschlüsselungstechnik von Frauen.

Ein kleines Beispiel. Stellen Sie sich mal vor, man kommt nach einem langen anstrengenden Arbeitstag müde nach Hause. Die Küche wurde von Schatzi bereits aufgeräumt und man will jetzt bloß keinen Schmutz machen und mampft daher nur einen klitzekleinen Apfel und macht es sich – um nicht weiter zu stören – auf dem Sofa bequem. Da ertönt es auch schon mit entsetzter Stimme: »Wie sieht denn die Küche aus?«

»Na ja, der Eisschrank steht links, die Küchenzeile schließt sich daran an, das Fenster ist genau gegenüber«, antwortet man souverän.

»Das meine ich nicht. Ich will wissen, wie die Küche aussieht!«

Was anscheinend so viel bedeutet wie: »Sag mir bloß nicht, wie die Küche aussieht!«

»Ich hoffe, du sitzt bequem?«, bedeutet daher auch nicht: »Wie schön dass es dir gut geht«, sondern: »Komm sofort mit in die Küche, und schau dir das an.«

Man trottet also brav hinterher, folgt einem spitzen Finger und wird mit der nächsten Frage konfrontiert.

(Toll, Jungs! Aber wie wir euch kennen, lasst ihr diese Aufgaben die Sekretärin machen ...)

Männer waren schon immer Weltmeister im Delegieren und Ausreden erfinden.

Hier ein paar kleine Kostproben: »Schatz, du kannst das viel besser als ich.« »Schatz, ich helfe dir später gerne, nur jetzt im Moment nicht.« »Schatz, ich mache doch dafür andere Arbeiten wie anfallende Reparaturen.« »Schatz, du wirst doch jetzt nach meinem anstrengenden Tag voller wichtiger Meetings nicht von mir verlangen, dass ich bügle!« (Zugegeben, das wäre ein sehr interessanter Anblick, so im Anzug mit Krawatte vor dem Bügelbrett.)

Oder sie versuchen auf eine andere, sehr effektive Art, sich vor der Hausarbeit zu drücken: Indem sie sich dabei Verletzungen zuziehen wie Verbrennungen

»Was ist das?«

»Nun, das ist ein Apfelbutzen.«

»Das weiß ich!«

Warum fragt sie dann? Aber diese Frage stellt man nicht, denn der Ton lässt nichts Gutes vermuten. Diesen Ton kennt man schon von der eigenen Mutter, aber das sagt man natürlich erst recht nicht. Schon gar nicht, wenn sie so drauf ist.

»Und was ist das?«, geht das heitere Ratespiel weiter, nur dass die Stimme drohender geworden ist.

»Das?«, versucht man Zeit zu gewinnen. »Das ist ein Mülleimer«, sagt man, weil einem doch nichts als die Wahrheit einfällt.

»Und kannst du dir vorstellen, wofür der gut ist?«

Kluge Männer – also Männer, die schon mal mit einer Frau zu tun hatten – wissen inzwischen längst, dass einer Frau in dieser Situation nicht etwa das Wort für Mülleimer entfallen ist oder sie vielleicht die mechanische Funktionsweise des Mülleimers erklärt bekommen möchte. Nein, hier geht es anscheinend um etwas ganz anderes. Hier geht es um Hausarbeit. Nein, auch das nicht. Treffender gesagt, es geht um die Erziehung zur Hausarbeit.

Männer würden einfach sagen: »Schatz, könntest du den Apfelbutzen bitte in den Mülleimer werfen.«

Frauen übrigens können so ein Ratespiel bis zur Grenzenlosigkeit treiben. Sie verpacken vor allem bei der Hausarbeit ihre Angriffe sehr gerne in gut getarnte Fragen. Zum Beispiel: »Was essen wir heute?« Auch dies ist überhaupt keine Frage, auch wenn sie so aussieht. Also bloß nicht antworten. Männer werden diese Art von Taktik nie verstehen. Männer sind für solche Spiele viel zu ehrlich. Wenn ein Mann die Frage stellt, »Was essen wir heute«, dann will er eigentlich nur wissen, was es zu essen gibt. Wenn eine Frau diese Frage stellt, heißt das, dass sie dritten Grades beim Bügeln, Oberschenkelhalsbruch beim Fensterputzen, zerschmetterte Daumen beim Einräumen der Spülmaschine, ausgerenkte Schultern beim Glühbirnen auswechseln etc.

Der damit verbundene Zeitaufwand, bedingt durch die vielen Krankenhausaufenthalte, hat die Frauen nachhaltig davon überzeugt, diese Arbeiten lieber selbst zu verrichten.

Es ist uns Frauen völlig unverständlich, warum Männer Hausarbeit als ehrenrührig und zutiefst demütigend empfinden. Was sollen wir da sagen? Auch wir wollen den Duft der Freiheit schnuppern! Jede Arbeit außerhalb des eigenen Wohnraumes birgt mehr kreative Herausforderungen in sich, als die ewig gleiche Abfolge von Putzeinheiten. Männer machen es sich in dieser Hinsicht leicht – sie behaupten einfach, keinen Schmutz zu erzeugen und demzufolge auch diesen nicht entfernen zu müssen. Wo nichts ist ...

Wir Frauen werden es wohl in diesem Jahrtausend nicht schaffen, der archaischen Urprägung zu entfliehen. Seufz ..., aber versuchen können wir es ja!

erstens keine Lust zu kochen hat, zweitens überhaupt nichts eingekauft hat, und drittens findet sie, dass man sich überhaupt viel zu wenig an der Hausarbeit beteiligt.

Zum besseren Verständnis:

»Was ist das?«, bedeutet: »Aufräumen, und zwar sofort!«

»Du sitzt hier?«, bedeutet: »Steh sofort auf und hilf mir.«

»Soll ich das alleine machen?«, heißt nichts anders als: »Das wirst *du* jetzt alleine machen.«

»Hast du den Staubsauger gesehen?«, bedeutet: »In drei Sekunden hast du das Ding in der Hand und zwar saugend.«

»Geht es dir gut?«, bedeutet nichts anderes, als dass sie nur darauf wartet, uns zu sagen, warum es ihr so katastrophal schlecht geht. Und dies hat meist etwas mit *ihm* zu tun.

Und: »Was essen wir heute«, heißt nichts anderes als: »Schieb deinen Arsch vom Sofa, denn heute wirst du kochen, mein Lieber.«

Waschmaschine

Eines werden Frauen *nie* verstehen: Warum sollte es *soooo* schwer sein, ein rudimentäres, technisches Gerät zu bedienen? Eine Waschmaschine ist in ihrer Bedienung fast mit einer Klospülung zu vergleichen … nur dass die Ware drin bleibt und geschleudert wird.

Wenn dieses Gerät eine Fernbedienung hätte und ein Sofa davor stünde, gäbe es keine Komplikationen. Nun soll es plötzlich eine ganz besondere Herausforderung sein, Wäsche sortiert nach Farben in die Trommel zu geben und die dazugehörige Temperatur auszuwählen. Dabei hat man es den Männern (vorausschauend, wie wir nun mal sind) doch schon so einfach gemacht und die Temperatur auf 30 Grad für *jede Art* von Wäsche festgelegt.

Jetzt muss also *nur* noch nach Farben sortiert werden.

Diese Aufgabe stellt ein unüberwindliches Hindernis dar. Wie kann das sein? In freier Wildbahn ist es dem Mann ein Leichtes, die Blondinen von den Brünetten und die Rothaarigen von den Schwarzhaarigen zu unterscheiden. Warum setzt auf einmal – beim Anblick der Schmutzwäsche – Gehirnstillstand ein? Auch die dramatischen Ausreden des Mannes lassen an Fantasie nichts zu wünschen übrig. Da wird Farbenblindheit, der Uefa-Cup oder die Qualifikation der Formel 1 vorgeschoben, um auf gar keinen Fall in die Tiefen des Waschkellers hinabsteigen zu müssen.

Wenn man den Mann dann – aus pädagogischen Gründen – nach mehrmaligem, pantomimischem Wie-

Waschmaschine

Technische Großgeräte sind ja eigentlich eine männliche Domäne. Waschen aber weniger. Und genau hier beginnt das Dilemma.

Frauen werden jedenfalls nie verstehen, warum Männer, die Kalkulationen erstellen, Ikearegale aufbauen, die unverständlichsten Gebrauchsanweisungen lesen und erfolgreich Viren vom Computer entfernen können, es nicht schaffen, eine Waschmaschine ordentlich zu füllen und die hineingestopfte Wäsche nicht nur sauber, sondern auch in der ursprünglichen Farbe und Größe wieder herauszuholen.

Die Antwort ist ganz einfach: Weil sie es nicht können. Sie konnten es noch nie. Sie sind darauf getrimmt, diese verantwortungsvolle Aufgabe dem weiblichen Geschlecht zu überlassen. Schon als Kind bekamen sie zu hören: »Junge, lass die Finger davon, das kannst du nicht, das ist Frauensache.«

Und nun soll sich alles geändert und die eigenen Eltern die Unwahrheit gesagt haben?

Seit Jahrhunderten war es der ganze Stolz einer Frau, ihrem Mann frisch gebügelte Wäsche zu präsentieren. So haben wir es doch aus der Werbung gelernt. Und diese Würde sollen wir den Frauen nun mit einem Schlag nehmen? Kein Mann würde seiner Frau so etwas antun. Auch wenn sie noch so sehr darum bittet. Schließlich verlangen wir doch auch nicht von ihnen, Kalkulationen korrekt zu erstellen und Ikearegale aufzubauen.

Das Dumme ist nur, dass die Frauen es anders sehen. Ihnen fehlt da leider dieses gesunde Maß an Weitblick.

derholen des Vorganges, wie die Wäsche getrennt werden soll, einfach seiner neuen Aufgabe überlässt, folgt die Rache auf dem Fuß: »Zufälligerweise« hat sich bei der Weißwäsche (natürlich teure Dessous) eine schwarze Socke hineingeschummelt ...

»Tja, tut mir ja sooooo schrecklich Leid, Schatz! Du kannst es einfach besser!«

Wir Männer haben jedenfalls ziemlich rasch gelernt, dass »sich weigern« kein probates Mittel ist, Frauen von der eigenen Unfähigkeit im Waschkeller zu überzeugen. Das erzeugt nur Unfrieden. Es einfach zu vergessen, ist auch keine gute Lösung. In diesen Dingen haben Frauen nämlich ein sehr gutes Gedächtnis. Auch noch Jahre danach. Bei der kleinsten Unstimmigkeit bekommt man ins Gesicht geschleudert:. »Du schaffst es ja nicht einmal, eine Waschmaschine zu füllen!«

Was immer also Männer auch an Argumenten vorbringen, egal welche Statistiken sie auch zitieren, Frauen halten die tatsächlich existierende Waschmaschinenphobie immer nur für typisch männliche Faulheit.

Auch wenn man auf die Umweltfreundlichkeit pocht. Dabei mal ganz ehrlich: Haben Sie schon mal den Inhalt einer Waschmaschine gesehen? Von hundert Teilen gehört eines davon vielleicht dem Mann. Männer sind in diesen Dingen extrem umweltbewusst. Anstatt alles was zufällig herumliegt, wahllos in die Schmutzwäsche zu werfen, und die sauberen Flüsse zu belasten, machen wir erst einmal den Geruchstest. Das meiste kann man auf diese Weise nämlich locker drei bis zwölf Tage tragen. Im Durchschnitt wechseln Männer ihre Unterwäsche nur jeden dritten Tag, manche sogar nur jeden achten. So spart man Strom und Wasser. Aber davon wollen Frauen ja nichts wissen.

Eigentlich gibt es nur eins, was wirklich Erfolg versprechend ist. Es einfach zu tun. Mit Freude und Eifer. Aber dann, oh je!

»Wie konnte das nur passieren? Was? Ich habe Bunt- und Weißwäsche nicht getrennt?! Muss man das? Passiert nie wieder, Schatz.«

Nach vielen, vielen Jahren des stetigen Wäscheverlustes ergibt sich die Frau in ihr Schicksal. Aber eine süße Rache bleibt: Die sexy ergrauten Dessous werden beim Vorspiel immer noch gerne präsentiert ... Wenn der Anblick zu sehr an die eigene Unfähigkeit erinnert, muss eben der Tastsinn aktiviert werden, denn »in der Nacht sind alle Katzen grau«, besonders bei ansteigender Temperatur ...

Doch beim nächsten Mal: »Was? Dessous darf man nicht kochen? Und Cashmere nicht bei 60 Grad waschen? Keine Sorge, Schatz, jetzt hab ich es kapiert.«

Spätestens beim nächsten Mal allerdings – »In der Hosentasche war noch ein Kaugummi?!« – darf man nicht einmal mehr in die Nähe dieser wohl doch nur für Frauen bestimmten Maschine. Welche Frau will auch noch ihre Lieblingsbluse riskieren?

Zugegeben, man verliert an Achtung. Aber dafür gewinnt man: Freizeit …

Socken

Was für eine wundervolle Erfindung! Ein ästhetisches Meisterwerk in höchster Vollendung! Der Reflexzonen-Umschmeichler des Mannes ist so wichtig für ihn, dass er dieses Maschenwerk aus feinster Baumwolle *immer* um sich haben möchte. Und sollte es aus unerfindlichen Gründen von seinen alabasterfarbenen Füßen gleiten, so sollten sie doch in seiner Nähe weilen! Nur so ist es zu erklären, dass die beiden besten Freunde des Mannes ergeben in der Ecke des Wohn-, Schlaf- oder Arbeitszimmers auf ihn warten, um aus ihrem Dornröschenschlaf erweckt zu werden. Dies kann Tage, Wochen oder sogar Monate dauern ... eine nicht enden wollende Liebesgeschichte mit der Überschrift: »Lass mich atmen oder Die Freiheit der Füße. Eine Begebenheit in 3 Akten.«

Apropos »Akt« – ein Adonis ist besonders schön anzusehen, wenn er nichts anhat außer seinen auserwählten Lieblingen an den Füßen. Ungemein liebreizend ist der Kontrast von weißer Haut zu schwarzen Unterschenkel-Rettern. In solchen Momenten durchzuckt mich bisweilen der Gedanke, eine Ausstellung mit Fotos à la Helmut Newton von überlebensgroßen nackten Männern in schwarzen Socken zu organisieren, in limitierter Auflage natürlich ... jedes Foto mindestens 20 000 Dollar wert.

Natürlich bringt eine liebende Ehefrau ihren Mann auf gar keinen Fall in eine derart missliche Lage! Eine Aufbesserung der Haushaltskasse auf diese *Art* bleibt nur ein schöner Traum – seufz!

Socken

Um das Thema Socken scheint sich für so manche Frau eine ganze Welt zu spinnen.

Kein Philosoph der Welt hat sich so ausführlich mit dem Thema Socke auseinandergesetzt wie der Verstand einer Frau.

Nun gut, zugegeben, sie sind unsexy. Das haben wir Männer inzwischen gelernt, denn grundsätzlich:

- liegen sie meist dort rum, wo sie nicht hingehören,
- passen sie auf keinen Fall zu Sandalen,
- haben Männer stets die falsche Farbe an,
- gehören sie beim Sex ausgezogen.

Letzteres ist für manche Männer sicherlich kein Thema, weil man sie die beiden Male im Jahr auch locker ausziehen kann.

Trotzdem erhebt sich die Frage, warum Frauen halb angezogen ihre Reize zeigen dürfen und Männer nicht. Frauen mit Strümpfen sind für Männer nämlich durchaus attraktiv.

Vielleicht ziehen Frauen auch deswegen so selten halterlose Strümpfe an, weil sie zu viel Ähnlichkeit mit Socken haben.

Warum hat man also überhaupt Socken erfunden, wenn man sie nie anhaben darf, sie in die Schmutzwäsche gehören, und zwar sofort, am besten noch, bevor man überhaupt daran denkt, sie anzuziehen, und ein Mann in Socken nur peinlich ist?

Am besten zieht man sie noch vor Betreten der Wohnung aus. Aber wohin damit? In die Hosentasche? Im Knigge steht davon nichts.

Man muss sich einfach damit begnügen, die Lieblinge mit weit ausgestreckten Armen zu entsorgen oder wutschnaubend davorzustehen und mit Scheidung zu drohen, oder (noch schlimmer!) den Liebsten mit der Ankündigung zu konfrontieren: »Es kommen Gäste, Schatz! Meinst du, ich sollte sie mit deinen Baumwoll-Freunden bekannt machen???«

Die anschließenden Hasstiraden sollte man mit stoischer Ruhe über sich ergehen lassen ... sonst wären ja die ganzen Yoga-Kurse umsonst gewesen! Unsere Katzen scheinen auch den ein oder anderen Yoga-Kurs besucht zu haben, denn sie würdigen die »Freunde« in den Ecken oder vor dem Sofa keines Blickes. Teilweise sitzen sie wie eine Sphinx davor – ich dachte immer, Katzen hätten einen besonders guten Geruchssinn?

Dieser scheint sie bei dieser Thematik verlassen zu haben; oder ist dieser Geruch gar eine Art Droge für sie? Das, was also die Hippies mit Hasch machen, geben sich unsere Katzen durch den Geruch von SOCKEN?? Ach soooo, sie sind im Grunde die ganze Zeit HIGH!! Ich bin entsetzt!

Wahrscheinlich ist im Grunde meine Schwiegermutter schuld! Aus Verdrängungsgründen brauche ich diese Ausrede, denn der Schmerz würde zu tief sitzen, wenn ich zugeben müsste, dass unsere Katzen Socken-Drogen schnüffeln und mein Mann von der optisch-ästhetischen Präsenz seiner heiligen Socken abhängig ist. Und was bedeute *ich* ihm??? *Nichts*??? Schluchz ... Langsam verstehe ich meine Bekannte, die die Nase vom Socken-Schnüffeln voll hatte und ihrem Mann eines Tages zum Abendessen eine ganz besondere Mahlzeit servierte: Einen Teller voller dampfender und gut durchgekochter Socken.

Ihr vorbestelltes Taxi wartete draußen mit laufendem Motor ... bye, bye Love.

Den Socken scheint die eigene Anwesenheit ja bereits unangenehm zu sein, denn ständig verschwindet auf mysteriöse Weise eine von ihnen. Nicht etwa ein Paar, sondern immer nur eine einzelne. Und so sucht man gedemütigt zwei verschiedene einzelne Socken mit ähnlicher Farbe und Struktur zusammen und gibt sie hochstaplerisch als Paar aus.

Merkt ja keiner. Man muss sie ja doch gleich ausziehen.

Peinlich wird es für einen Mann meist erst dann, wenn man zu Besuch eingeladen ist und die Schuhe ausziehen muss – »Macht dir doch nichts aus?« »Nö, iwo.« – und die Socken haben ein Loch.

Frauen kennen dieses Problem nicht. Männer schon. Vor allem haben sie eins, wenn sie nach Hause kommen. »Wieso hast du die Schuhe ausziehen müssen?! Hä?! Sag!! Das war doch bestimmt nicht das Einzige.«

»Sag« bedeutet hier übrigens nicht: »Lass uns mal in aller Ruhe darüber reden«, sondern: »Da kannst du labern was du willst, mein lieber Freund, ich glaub dir sowieso kein Wort.«

Ordnung

Einen Mann dazu bringen zu wollen, Ordnung zu halten, ist fast gleichbedeutend mit dem Versuch, Männern das Verlangen nach Sex abzugewöhnen. Seine Sachen ordentlich aufzuhängen und nichts mehr herumliegen zu lassen, ist ein schwerer Angriff auf sein Verständnis von Freiheit. Er markiert mit den herumliegenden Sachen im Grunde nur sein Revier. Jetzt ist jede Frau dazu verdammt, sich mehr oder weniger so verhalten zu müssen wie die Mutter des »lieben Kleinen«.

Frau: »Warum lässt du immer alles rumliegen?«
»Kannst du nicht mal deine Sachen *selber* wegräumen?«
»Gefällt es dir in deinem Chaos?«
»Wenn es nach dir ginge, würden wir im Schmutz versinken.«

Das sind Sätze, die beim Mann sofort juckenden Hautausschlag hervorrufen.

Die Ohren werden auf Durchzug geschaltet. Im besten Fall rutscht er bei der Flucht durch die verschiedenen Zimmer auf den eigenen Chipstüten aus und verheddert sich mit seinem (durch wochenlanges Tragen ausgeleierten) Pullover in der Türklinke.

Ordnung zu halten ist doch im Grunde nichts anderes, als zu Hause eine Struktur zu schaffen, aber nein, diese Fähigkeit – die in jeder Form zum kleinen Einmaleins des Zusammenlebens gehört – wird nach der täglichen Rückkehr aus der Arbeit mit sofortiger

Ordnung

Eines der größten Vorurteile über Männer besagt, dass sie angeblich weniger ordentlich sein sollen als Frauen. Dies entspricht ebenso wenig der Wahrheit wie die Behauptung, dass Männer immer nur an das Eine denken. Männer denken nämlich meist gar nicht, sondern erst dann, wenn Schatzi wieder mal fragt: »Was denkst du gerade?« Dann erst fangen sie an zu überlegen, mit welcher Antwort sie vielleicht eine Chance hätten, das Eine in die Praxis umzusetzen.

Aber darum geht es jetzt gar nicht. Es geht darum, dass Männer wesentlich ordentlicher sind, als Frauen ihnen einreden wollen. Um es hier einmal in aller Deutlichkeit festzuhalten: Männer sind ordentlich. Sehr sogar. Nur vielleicht etwas anders. Weil Männer sehr genau Prioritäten zu setzen wissen. So ordnen sie zum Beispiel ihre CDs alphabetisch, ebenso die DVDs, und sortieren die Bücher nach Größe. Sie wissen, wo das Bier steht, und die Fernbedienungen haben einen festen Platz. Auch die Programme im Fernsehen sind perfekt geordnet. In ihrem Computer können sie jeden Ordner innerhalb von Sekunden öffnen (vor allem die mit den Nacktfotos), und das Auto steht meist millimetergenau eingeparkt vor der Einfahrt. Männer finden nur *dann nichts* mehr, wenn Frauen mal »kurz aufgeräumt« haben. Frauen sperren nämlich gerne alles weg, damit man es nicht mehr sieht. Das ist für einen Mann dann wie beim Memory-Spiel. Man macht zwei Schubladen auf und weiß nicht mehr, was in der dritten drin war.

Frauen ordnen die Klamotten nach Sommer und Winter,

Wirkung an der Haustür abgegeben. Es fängt schon damit an, dass die Schuhe nach der Ankunft in die Ecke gepfeffert werden, der Rucksack auf dem Sofa landet und die Jacke überall Platz findet, nur nicht auf dem Garderobenständer.

Frau: »Schatz, willst du mich ärgern?«

Mann: »Womit habe ich eine Chance?«

Frau: »Na ja, ich würde mich freuen, wenn ich dir nicht immer alles hinterherräumen müsste.«

Mann: *(setzt zu einem charmanten Grinsen an)* »Aber das tust du doch gerne, auf diese Art und Weise schaffst du es doch, mit mir zu kommunizieren.«

Frau: *(schaut weg, denn sie ist gerade wütend und will sich nicht weich kochen lassen)* »Ich bin aber nicht deine Mutter!«

Mann: »Gott sei Dank!«

Frau: »Deine Mutter hat dich zu einem kleinen Prinzen erzogen und dir alles in den Hintern geschoben!«

Mann: »Das hat sie nicht, das würde ich mir von meiner Mutter auch verbitten!«

Um aus dieser schier ausweglosen Situation herauszukommen, probiert man das nächste Mal Plan B aus. Plan B sieht vor, *keinen* Kommentar mehr abzugeben, die Sachen nicht aufzuräumen und alles so liegen zu lassen, wie es ist.

Von diesem Tag an ist nur noch Freude und Harmonie im ganzen Haus zu spüren. Leicht wie eine Tänzerin bewegt man sich über immer größer werdende Berge von herumliegenden Dingen. Singend und springend dreht man Pirouetten über Lagen von Klamotten, über Verpackungen technischer Geräte und bereits schimmelnde Essensreste. Fernbedienungen kleben in nach Farben und Gelegenheiten und welche Konkurrentin es vor kurzem getragen hat.

Männer nehmen das erste Hemd vom Stapel und ziehen es eine Woche lang an. Sommer und Winter interessieren sie nicht. Sie finden, das Wetter habe sich nach ihnen zu richten.

Das wirkliche Problem mit der Ordnung liegt eigentlich nur in der Wahrnehmung. Und die ist zwischen Mann und Frau völlig unterschiedlich.

Wenn man einen Mann in ein Zimmer führt und ihn fragt, was er sieht, wird er sagen, dass da ein super Fernseher steht, eine geile Mini-Anlage mit CD-Player und eine hammerharte Playstation.

Frauen werden wahrscheinlich von Atmosphäre sprechen. Wie kuschelig das Sofa ist, auf welche harmonische Weise der Teppich zu den Vorhängen passt und wie stilsicher die Möbel platziert sind.

Wenn dagegen etwas *nicht* ordentlich ist, werden Frauen sagen, da standen Schuhe herum, die Kissen vom Sofa waren nicht aufgeschüttelt und in einer Ecke befanden sich Staubflusen.

Männer werden sagen: »Der Scheißfernseher ging nicht. Und da wir gerade dabei sind, die kümmerliche Playstation war so veraltet, dass sie nicht einmal zur schwachsinnigen Software gepasst hat!«

Männer sind einfach weniger an der aufrechten Haltung eines Kissens interessiert, als an der Speicherkapazität eines Aufnahmegerätes.

Halten wir also folgende Tatsachen fest:

- Männer sehen ganz andere Dinge als Frauen.
- Frauen erwarten, dass Männer all das wegräumen, was sie gar nicht sehen.

inniger Umarmung aneinander und wollen sich nicht mehr loslassen. Katzen spielen freudig mit den Markierungsmarken des Reviers (den Socken), und kleinere Haustiere wie die niedlichen Silberfischchen finden ein kuscheliges Zuhause.

Hmmm, das hat also auch nicht geholfen. Ein neuer Versuch. Es gibt vielleicht noch einen Plan C: »Schaaaatz, wir sollten wirklich unserem Kind ein Vorbild sein.« Schatz antwortet wieder anders als erwartet: »Liebling, unser Kind soll sich frei entscheiden können, welche Lebensform es später auswählen möchte – die des Museumswärters (eindeutig ein Angriff auf die Frau) oder die des liebeswerten, aber genialen Chaoten.

Außerdem bin ich in *anderen* Dingen ordentlicher als du ...«

Was soll man darauf noch sagen? Ganz offensichtlich gibt es Dinge im gemeinsamen Revier, die von beiden mit unterschiedlicher Aufmerksamkeit bedacht werden. Also setzen wir uns gemeinsam aufs Sofa und verhandeln über die ordentlich zu haltenden Bereiche wie auf einem Bazar in Marokko.

Nun ist der Geduldsfaden bei Mann und Frau deutlich unterschiedlich dick gestrickt. Je nach Thema reißt er beim einen oder beim anderen etwas früher. Bei dem Thema »Männer – gibt es überhaupt eine Ordnung?« (= ein Dokumentarfilm eines Maulwurfs) zieht die Frau eindeutig den Kürzeren. Aus Sorge, die Grundfarbe des Teppichs eines Tages nicht mehr zu erkennen, versucht sie es mit dem Trick: »Schatz, ich habe deine Mutter zum Kaffee eingeladen.« Leider antwortet er anders als erwartet: »Toll, dann kann sie dir ja beim Aufräumen helfen.«

Zur Verdeutlichung: Wenn etwas nicht in Ordnung ist, sagen …

- Frauen: ungemütlich, schmutzig
- Männer: kaputt, defekt

Wenn etwas nicht in Ordnung ist, sind übrigens beide schlecht gelaunt. Nur dass der Mann nie auf die Idee käme, die Frau aufzufordern, den Fernseher zu reparieren.

Und noch etwas ist erstaunlich. Frauen behaupten zwar, ordentlicher zu sein, aber sie suchen ständig Schlüssel, Handschuhe, Schals, Regenschirme oder kramen manchmal zehn Minuten in ihrer Handtasche rum, bis sie ihr Handy gefunden haben. Also!

Schnarchen

Oh, du süßer Klang! Oh, du zärtlichster aller Töne! Oh, du lautmalerischstes aller Geräusche!! Mein ganzes Sein wird durch deine Schwingung durchbebt! Dein Schall trägt bis in die entfernteste Hütte und treibt die nervenstärkste Frau zur Verzweiflung ...

Nacht für Nacht spielen sich in deutschen Betten Dramen ab und das ist nicht einmal eine Schlagzeile in Deutschlands beliebtester Tageszeitung wert! Dabei muss man die Wahrheit endlich ins rechte Licht rücken. Aber fangen wir von vorne an:

Am Anfang einer Beziehung fällt die dunkle Schattenseite des Mannes nicht auf, denn beide sind so erschöpft vom Liebesturnen, dass sie einschlafen, bevor sich Dr. Jekyll in Mr. Hyde verwandelt. Nach ein paar Wochen oder Monaten (je nach Leistungsfähigkeit) schläft man – nichts Böses ahnend – selig ein und dann, dann kommt es. Da, dieses es. Es fängt zunächst leise und schüchtern an, als wolle Es sich erst den Raum ertasten, aber dann kommt es mit voller Klanggewalt über den Raum, das Universum und alle Mitbewohner im Umkreis von 50 Kilometern.

Die Klangfarben variieren zwischen Röcheln, Schnappen, Keuchen, Hecheln, Schnaufen, Japsen, Prusten, Fauchen und variieren selbstverständlich auch in den verschiedenen Ausdrucksformen wie Stakkato, Legato, Andante, Adagio und Furioso.

Fassungslos dreht man sich auf die Seite des kanadischen Holzfällers und kann es nicht glauben, dass in diesem Knabenkörper ein so ein gewaltiger Bass-Bari-

Schnarchen

Der wundervollste Körper kommt auf dich zu. Bekleidet in einem Hauch von Nichts! Und dieses Fabelwesen zeigt Bereitschaft, das Wenige nun auch noch abzulegen. Doch genau in diesem Moment wird man geschubst.

»Schatz, du schnarchst schon wieder.«

Und da soll man nicht die Laune verlieren. Sie hätte doch wenigstens noch diesen einen kurzen Moment abwarten können. Aber Frauen warten nicht. Schon gar nicht, wenn man im Schlaf lächelt. Und erst recht nicht, wenn man angeblich schnarcht.

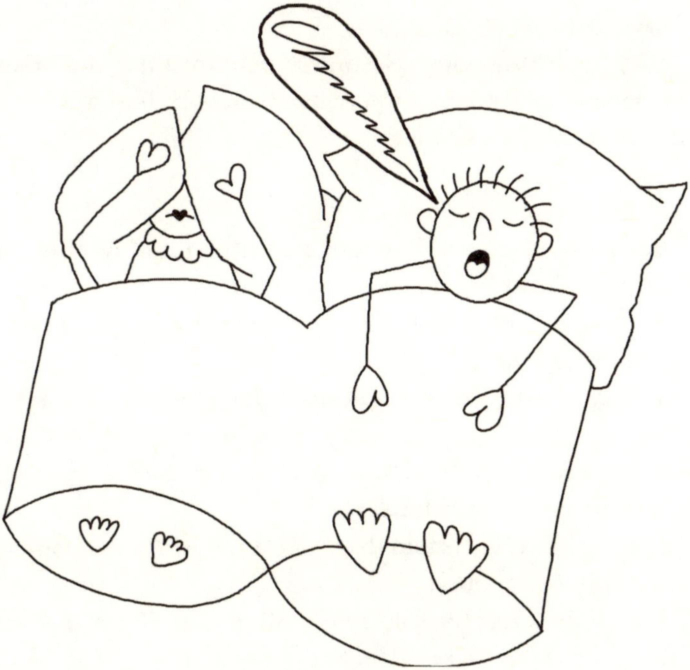

ton verborgen ist und auch noch zu allem Überfluss neben einem im Bett liegt. Ganze Opern werden zersägt, und der Künstler selbst merkt nichts von dieser Tragödie! Wissend, dass ein ungestörter Schlaf essenziell wichtig für die Gesundheit von Körper, Geist und Seele ist, befindet man sich als liebende Frau augenblicklich in der archaischsten aller Zwickmühlen: *er* oder *ich*.

Auf den Arm gestützt, beobachtet man eine Zeit lang die Lage und sucht in Gedanken nach einer geeigneten »Anti-Schnarch-Methode«. Ein Blick auf den Wecker verheißt nicht Gutes, denn er zeigt in aller Deutlichkeit, dass, falls man den bereits dämmernden Tag noch mit klarem Kopf erleben möchte, die Lösung bitte schnell und effizient sein möge. Wie bei jedem Drama vollzieht sich der Verlauf desselben wie in der Oper:

Ouvertüre

Beobachtung des Schnarch-Rhythmus, um den geeigneten Moment abzupassen, den Schlaf raubenden Vorgang zu beenden.

1.Akt

Die Aktion beginnt: wir fangen einfach mal mit einem zarten Schütteln an der Schulter an.

Der Kanadische Holzfäller bewegt sich zwar, sägt aber ungestört weiter.

Kräftigeres Schütteln – diesmal des ganzen Oberkörpers.

Der Kanadier dreht sich auf die andere Seite, um eine neue Tonart anzuschlagen.

Mehrmaliges Schütteln des *kompletten* Körpers, kombiniert mit Zwicken.

Mürrische Gegenwehr, noch ohne die Richtung zu ahnen, aus der diese Attacken kommen.

Und so soll man gerade drei Millionen erben, wird von Jennifer Lopez hungrig und geil in ihr Schlafzimmer gezogen, man könnte gerade das alles entscheidende Tor schießen, aber … zu all dem kommt es nie, weil man drei- bis achtmal in der Nacht gewendet, gekniffen, gestoßen oder angepustet wird, bis man schlaftrunken zum Sofa ins Wohnzimmer taumelt.

Nun als Steigerung eine Kombination, eine *Kür* sozusagen, aus Zwicken, Schütteln, ins Ohr Pusten, Kneifen und auf ihm Herumhüpfen.
Müßig, über die Reaktion zu sprechen ...

2.Akt
Die Zielgerade wird festgelegt:
Der eigene Aggressionspegel nimmt bedrohliche Ausmaße an.
Es wird zu drastischeren Mitteln gegriffen.
Die Nase wird zugehalten.
Der Kanadier reißt die Augen auf, ringt nach Luft, blickt einen mit Panik an und ruft:
»Was soll das???«
Schuldbewusst murmelt man so etwas wie: »Du schnarchst, ich kann nicht schlafen.«
Antwort: »Ich hör nix.«
Der Kanadier fällt nach diesem kurzen Aufbäumen wieder auf seine Wirkungsstätte zurück.
Das Sägekonzert nähert sich einem weiteren Höhepunkt.

3.Akt
Jetzt muss man zu noch drastischeren Mitteln greifen:
Kräftige Tritte in den Hintern.
Der Kanadier fällt aus dem Bett.

Zugabe: *Er* schnarcht auf dem Boden weiter.

P.S. Mutter Teresa liegt mit dem Kanadier im »Löffelchen« auf dem Boden, um ihn zu wärmen.

Aber dann ist man so wach, dass Jennifer längst einen anderen gefunden hat und die drei Millionen schon vergeben sind.

Warum eigentlich schnarchen Frauen nie? Ich würde gerne auch mal pusten, kneifen und stoßen.

Vielleicht schnarchen Männer auch gar nicht in Wirklichkeit, sondern dies ist alles nur ein geplanter Rachefeldzug von Frauen für schlechten Sex, mangelnde Hausarbeit und die vielen Fußball-Abende.

Manche Frauen dressieren ihre Männer jedenfalls so, dass sie, wenn sie auch nur den Ansatz von falscher Atmung an sich erkennen, in Panik aufwachen und sich selbst kneifen.

Ich habe noch einen ganz anderen Trick gefunden. Neulich habe ich meiner Süßen gesagt, dass sie in der Nacht so seltsam rasselnde Geräusche von sich gegeben hätte. Schnarchen nennt man das, glaube ich.

Schatzi ist furchtbar erschrocken. Ihr ganzes Weltbild als Frau brach zusammen. Frauen wollen nämlich auch im Schlaf schön aussehen.

»Warum hast du mich nicht geweckt?«

»Halb so schlimm«, fuhr ich generös fort, »ich hab dich doch so lieb, da stört mich das bisschen Schnarchen gar nicht.«

Zwei Nächte später hab ich sie in der Nacht sogar angestubst. Vollkommen erschrocken lag sie eine Stunde wach. Seitdem habe ich nachts meine Ruhe.

Und falls sie mich doch mal wieder kneift oder anpustet, weiß ich ja nun, was ich zu tun habe.

Fußball

Die wahre Liebe des Mannes ist nicht sein Johannes, sondern eine geräuschvolle Übertragung von zweiundzwanzig ameisengroßen Männchen auf einem sehr, sehr grünen Feld, die scheinbar planlos durch die Gegend laufen, auf der Suche nach einem Netz, »Tor« genannt.

Egal welchen Bildungsgrad das »Männchen« hat und welcher Intelligenzquotient im Berufsleben sonst normalerweise eingesetzt wird: Wenn Fußball im Fernsehen übertragen wird, fällt die Gehirnleistung desselben auf das Niveau eines freudig erregten Menschenaffen zurück. Die Kinnlade klappt herunter und mit glänzenden Augen wird auf dem Sofa herumgesprungen – eine Art archaische, rückwirkend geltende Verbrüderung mit der eigenen Gattung.

Dem »Weibchen« fällt die ungeheuer tragende Verantwortung zu, das Bier eisgekühlt zum richtigen Zeitpunkt – nämlich, wenn die vorherige Bierflasche geleert ist – in das zur Arena umgebaute Wohnzimmer zu bringen. Nichts kann ihn von diesem rituell wiederkehrenden Suchtverhalten kurieren. Selbst das normalerweise erfolgreiche Testen der Ur-Reflexe des Männchens, wie zum Beispiel das Herumstolzieren in besonders »scharfen« Dessous vor dem Bildschirm, bringt nicht das gewünschte Ergebnis. Nur besonders scheinheilig interessiert gestellte Fragen wie: »Schatz, was ist eine Abseitsfalle?« Oder: »Welcher von denen ist Ballack?«, können das Männchen zeitweise zu einer Aussage wie: »Das kapierst du ja doch nicht«,

Fußball

Das wirklich Faszinierende an Fußball ist wohl, dass die meisten Frauen davon nichts verstehen. Dafür erfassen Frauen Fußball irgendwie *intuitiv*. Sie spüren zum Beispiel, wann es so richtig spannend wird. Und so huschen sie immer genau dann, wenn das einzige Tor im ganzen Spiel fällt, vor dem Fernseher vorbei und alles, was man vom erlösenden Tor sieht, sind Geschirr und Socken in ihrer Hand. »Schatz! Nein! Nicht!«

Hätte man bloß den Mund gehalten.

»Wieso«, ertönt ein zart säuselnder Ton. »Ich bin doch nur ganz kurz ... Schau mal, so.«

Und zur Beweisführung ihrer Unschuld stellt sie sich noch mal vor die Mattscheibe, und zwar genau als die Wiederholung des einzigen Tores läuft.

So, das war's. Alles, was man jetzt noch zu sehen bekommt, ist eine jubelnde Menge. Das wichtigste Tor, genial vorbereitet und außergewöhnlich abgeschlossen, bedeutet den Einzug ins Finale der Champions League, und man war nicht dabei. Stattdessen hat man eine auf extreme Unschuld spielende Frau, die besonders betont auf Zehenspitzen mit fliehendem Haar vorbeihechelt. Stört natürlich gar nicht.

Frauen machen auch besonders gerne in diesen Zeiten den Staubsauger an, natürlich gleich nebenan im Gang, damit man garantiert nichts mehr hört. Als gäbe es sonst nirgends im Haus etwas sauber zu machen. Und natürlich muss die Tür aufbleiben, wegen des Lichteinfalls, damit man den Staub besser sehen kann, während man selber mit dem Ohr am Lautsprecher klebt.

oder: »Du kannst Ballack sowieso nicht von Brad Pitt unterscheiden«, provozieren. Diese – zugegeben – sehr hinterhältigen Tests sind von eminenter Wichtigkeit, um festzustellen, ob das Männchen auf dem Sofa noch eine Ähnlichkeit mit dem Männchen besitzt, welches eine lächerlich anmutende Zeitspanne vorher noch am Standesamt: »Ja, ich will« gesäuselt hat. Dieses »Ja, ich will« bezieht sich zum gegenwärtigen Zeitpunkt nämlich auf das nächste Bier. Aber die Stimmerkennung funktioniert wenigstens noch, und das Weibchen schält sich aus der aufreizenden Unterwäsche, um sie Brad Pitt zu schicken.

Ganz große Klasse ist auch, wenn sich Frauen interessiert geben, den besten Platz auf dem Sofa besetzen und so Fragen stellen wie »Warum ziehen die eigentlich nach jedem geschossenen Tor das Trikot aus? Das mache ich doch auch nicht, wenn ich mich freue.«

Und dann, nachdem sie schon das ganze Spiel über die seltsamsten Fragen gestellt haben, gibt es in der neunzigsten Minute einen ungerechtfertigten Elfmeter. Man ist sowieso schon auf der Palme. Man könnte den Schiedsrichter erwürgen, kaut sich vor Nervosität die Fingernägel ab und wird dann mit spitzem Ellbogen angestubst. »Du Schatz …«

»Was!!!?«

»Wer hat sich das denn ausgedacht mit den elf Metern?«

»Weiß ich doch nicht!!!!«

»Ist das nicht etwas zu nah?«

»Das spielt doch jetzt keine Rolle!!«

»Doch, natürlich, wenn es weiter weg wäre, wäre es schwieriger.«

Wenn Frauen also wollen, dass Männer weniger Fußball schauen, einfach mitgucken und solche Fragen stellen.

Gegensätze

Männer reden nicht über Gefühle.

Männer können nur eine Sache zur gleichen Zeit tun.

Männer wollen in Ruhe gelassen werden,
wenn sie in der Ecke schmollen.

Männer glauben, dass es ein Zeichen von Schwäche ist,
über Gefühle zu reden.

Männer suchen Intimität durch Sex.

Männer schlafen nach dem Sex ein.

Männer brauchen dreißig Sekunden Vorspiel.

Männer bewerten ihre Leistung im Bett anhand des
Orgasmus der Frau.

Männer brauchen Sex.

Gegensätze

Frauen reden über Gefühle.

Frauen machen mehrere Sachen zur gleichen Zeit.

Frauen wollen getröstet werden,
wenn sie in der Ecke schmollen.

Frauen glauben, dass es ein Zeichen von Stärke ist, über Gefühle zu reden.

Frauen suchen Intimität durch Kuscheln.

Frauen sind nach dem Sex hellwach.

Frauen brauchen dreißig Minuten Vorspiel.

Frauen bewerten ihre Leistung im Bett anhand der Zärtlichkeiten des Mannes danach.

Frauen brauchen Liebe.

Shoppen

Wir Frauen sind im Grunde genommen sehr leicht zu durchschauen und glücklich zu machen! Denn zu einer unserer vielen Lieblingsbeschäftigungen gehört: das Shoppen. Unendlich viele nützliche und überflüssige Dinge werden ins gemeinsame Nest geschleppt und wie ein gelungener Beutefang präsentiert.

Egal, in welchem Geschäft wir sind, im Supermarkt oder in einer Designer-Boutique, wir lassen uns genügend Zeit zum Aussuchen, Preise vergleichen und Entscheidungen treffen. Wir nehmen die Sachen sorgfältig mehrmals in die Hand. Wir fragen nach anderen Farben, Größen und Formen. Wir gehen eine emotionale Beziehung mit dem Verkaufpersonal ein, um es auf unsere Seite zu ziehen – natürlich nur, um dadurch das Optimum zu erreichen. Wir lassen nicht eher locker, bis wir die Trophäe nach Hause gebracht haben.

An manchen Tagen gehen wir nur mit einem Stück nach Hause (etwas irritiert über den Mangel an Auswahl), an manchen Tagen sind wir regelrecht in einer Art »Einkaufseuphorie«, in der wir die Welt umarmen könnten. Das macht sich dann auch vehement am Haushaltsbudget bemerkbar.

Wenn wir in der ausgedehnten Vorbereitungsphase in Frauenmagazinen blättern, dann gehen wir im Geiste schon einkaufen. Wir sind doch die Versorgerinnen der Familie und haben doch dafür zu sorgen, dass unser »Nest« auch schön bleibt!? Nicht nur das »Nest«, sondern auch die Nestbesitzerin (!!) und die Nestbewohner

Shoppen

Es gibt Tage, da ist höchste Gefahr im Verzug und die Beziehung wird – ohne dass man es merkt – auf eine entscheidende Probe gestellt. So ein Tag ist mit ziemlicher Sicherheit dann, wenn der Satz fällt: »Schatz, gehst du mit mir einkaufen?«

Nichts gegen einkaufen. Einkaufen macht Spaß. Generell. Aber Frauen *gehen* nicht einkaufen, sie *wandern* einkaufen. Wenn Männer einkaufen gehen, haben sie ein klares Ziel vor Augen und wissen, was sie brauchen. Sie gehen in *einen* Laden, nehmen das Ding, bezahlen und gehen wieder nach Hause. Frauen dagegen durchstreifen einen Laden planlos in alle möglichen nicht vorhersehbaren Richtungen. Sie lassen sich inspirieren, behaupten sie und landen – nachdem man ihnen stundenlang brav nachgetrottet ist – dort, wo sie schon am Anfang waren. Frauen haben meist keine Ahnung, was genau sie kaufen wollen, finden angeblich nie etwas oder nicht das Richtige, und dennoch tragen ihre Begleiter stets Berge von Tüten nach Hause.

Wenn also »Paare« einkaufen *wandern*, wird die Partnerschaft zu einer unvorstellbaren Geduldsprobe. Ich meine Hallo! Männer sind Beutejäger, sie wollen zugreifen, aufschultern und nach Hause schleppen. Schnell und gezielt. Nicht planlos umherbummeln. Vor allem, weil ihre Beute eine ganz andere ist als die der Frauen. Beim gemeinsamen Shoppen müssen Männer nämlich nun unter Höllenqualen an all den schönen interessanten Geschäften vorbeihuschen, ohne ihre Schnäppchenbeute mitnehmen zu dürfen. Das ist, wie wenn man einem Eichhörnchen die natürlich auch. Traurig, aber wahr, denn nun sind wir hier sehr schnell an einem äußerst kritischen Punkt angelangt: Beim NestbesitzER.

Diese ganz besondere Spezies *lässt* am liebsten shoppen. Bevor ein Mann mit seiner Frau für sich shoppen geht, müssen die Jeans zerrissen an ihm herunterhängen (wobei das heutzutage auch kein Argument mehr ist, denn je abgewrackter die Jeans ist, desto teurer), die Hemden eine Einheitsfarbe und -form erreicht und sich die Anzahl der Boxershorts (dem Trockner sei Dank!) drastisch verringert haben.

In besonders schwierigen Fällen hilft nur das absichtliche Ruinieren des Lieblings-T-Shirts.

Mann: (*alarmiert*) »Schatz, wo ist denn mein Lieblings-T-Shirt?«

Frau: (*naiv, scheinheilig*) »Das ist leider in der Wäsche verfärbt worden, tut mir leid, aber irgendeine schwarze Socke hat sich in die Wäschetrommel geschlichen.«

Mann: (*hilflos wimmernd*) »Und was soll ich jetzt anziehen?« (Natürlich quillt der Schrank von T-Shirts über.)

In diesem Moment ergreift man die einzig sich bietende Chance und sagt: »Wir gehen einfach ein *neues* T-Shirt kaufen.«

Selbst unter diesem akuten T-Shirt-Notstand wird gerne eine unheilbare Krankheit vorgeschoben, welche sich in der Lähmung der Beine äußert und dann auch noch in eine Lähmung der Arme übergeht, mit der es natürlich unmöglich ist, etwas anzuprobieren, geschweige denn, etwas über den Kopf zu ziehen, um zu sehen, ob es auch passt.

Manchmal kann man an ganz besonderen Tagen Frauen sehen, die ihre Männer gefesselt als Beifahrer tollsten Nüsse zeigt, und gerade als es zuschnappen will, kommt der Satz:: »Nicht heute, Schatz.«

»Aberaberaber! Die *Nüsse* werden beim nächsten Mal da nicht mehr liegen!!«

Und da soll man keinen Kurzschluss im Hirn kriegen?

Dafür erfahren Männer nun, dass man außer Videorekordern, Kameras und Werkzeug auch noch andere Dinge kaufen kann. Und um diesen praxisbezogenen Unterricht auf die Spitze zu treiben, wird man zielsicher zu Plätzen geschleift, wo man als Mann nur verlieren kann. Beim Einkaufen mit Frauen gibt es nämlich ziemlich viele Orte, wo ein falsches Wort selbst normalerweise harmonische Partnerschaften zerstören kann. Vor allem dann, wenn Frauen einen Klamottenladen anpeilen. Dort kann man als Mann nur Fehler machen. Deshalb an dieser Stelle ein wichtiger Tipp: Egal wie unmöglich sie in den anprobierten Klamotten auch aussieht, in die sie sich hineingezwängt hat, schieben Sie jegliche Kritik immer auf die Kleidung. Also sagen Sie nie: »Dein Hintern passt da nicht rein, Süße«, sondern: »Dein sexy wundervoller Hintern kommt da leider nicht so richtig zur Geltung. Und du weißt, wie sehr ich auf deinen Knackarsch stehe.«

Will man einen solchen Einkauf unversehrt überstehen, gilt es durchzuhalten. Auch wenn stundenlang der Vorhang auf- und wieder zugeht.

»Wie sehe ich aus?«

»Na ja, weißt du …«

»Schon gut!« *Vorhang zu.*

»Findest du, ich bin zu dick?«

»Du siehst prima aus, aber die Farbe…«

»Schon gut!!«

Ganz falsch sind auch die Sätze wie: »Ich mag dich nackt sowieso am liebsten, Schatz« oder: »Mir ist es egal, was ich dir ausziehe.«

neben sich gesetzt haben – den Mund natürlich mit Klebeband zugeklebt –, um endlich einen Garderobenwechsel einzuläuten. Die Zeitspanne zwischen diesen Aktionen variiert je nach körperlichem Durchsetzungsvermögen der Frauen und der Sturheit des Mannes zwischen sechs Monaten und fünf Jahren.

Ist man dann endlich in der Herren-Austattungs-Abteilung (oder neuerdings »Mens Wear«) angelangt, hat sich der Mann seinem Schicksal hoffentlich ergeben, denn an diesem Punkt hilft Widerstand sowieso nichts mehr. Er wird also in eine Umkleidekabine verfrachtet und von nun an von verständnisvollen Verkäuferinnen (Blickkontakt genügt) mit Ware versorgt. Da alle in der Abteilung wissen, dass sie höchstens drei Minuten bis zum nächsten Wutanfall haben, findet die Warenanlieferung in gebotener Eile statt.

Proportional zur Schaumentwicklung vor dem Mund des Mannes fliegen die Hosen, Hemden, Sweatshirts, Gürtel und Polo-Hemden im Sekundentakt über den Vorhang der Umkleide. Als Ehefrau versucht man den gerade vorherrschenden Geschmack etwas ins Modischere, Zeitgemäße umzulenken – mit wenig Erfolg.

Dem Mann gefällt nur, was ihm schon seit Jahren gefallen hat, und *der Mann ist* da auch nicht umzustimmen. Er probiert hartnäckig nur das an, was er schon *immer* getragen hat.

Insofern ist es wirklich ein wenig unlogisch, ihn neu einkleiden zu wollen, denn das Neue sieht aus wie das Alte. (Vielleicht erklärt sich ja dadurch, warum die neuen Ehefrauen genauso aussehen wie die alten ...)

Die erste Anprobierphase nähert sich nun bedrohlich der Drei-Minuten-Grenze ... jetzt geht's los: Der Mann greift wahllos in den Kleiderberg, schnappt sich irgendetwas und marschiert enerviert zur Kasse. Lei-

Wenn nach zwei Stunden die Augen zu flackern beginnen, weil die Grenze des Leistungsvermögens überschritten ist und man gerne die Flucht in die DVD-Abteilung antreten würde, wird man zum Dank für die aufopfernde Unterstützung mit Unverständnis belohnt. Sie habe doch eben erst angefangen und bis jetzt noch überhaupt nichts gefunden. Man sei eben überhaupt keine Hilfe.

Abkürzen lässt sich so ein gemeinsames Einkaufen jedenfalls nicht. Shoppen bedeutet, sich die Füße stundenlang vor Schmuckgeschäften platt zu stehen und mit Bergen von Tüten in den Händen und bewunderndem Blick in völlig überheizten Kaufhäusern vor Umkleidekabinen Interesse zu heucheln.

»Lass mich mal was anprobieren«, heißt: »In diesem Laden bleiben wir noch ziemlich lange.«

»Ich glaube, die haben ganz gute Sachen«, heißt: »Richte dich schon mal häuslich ein.«

»Ich suche so was in der Art«, heißt: »Es wird dunkel, bis wir nach Hause kommen und du hilfst mir gefälligst bei der Suche.«

Das Seltsamste aber ist, dass alles, was Frauen gefällt, meist für 20-jährige Supermodels geschneidert wurde. Aber das sagt ein Mann nicht. Auf keinen Fall. Sonst bekommt man noch am gleichen Tag Post vom Scheidungsanwalt. »Meinst du nicht, dass man die Hose auch zumachen sollte?«, ist auch ein Fehler, denn dann wird man zur Strafe an irgendwelche Klamottenständer geschickt, um mit anderen, in Panik geratenen Männern nachzusehen, ob es die Hose vielleicht auch noch ein klitzekleine Nummer größer gibt.

Ich habe schon Männer vor Freude in die Hände schlagen sehen und mit dem Kopf nickend: »Ja, ja, ja«, stammeln hören, auch wenn Pfunde seitlich rausquollen, der hat er in seiner Wut nicht bemerkt, dass er außer Boxer-Shorts nicht mehr anhat.

Verständnisvolle Abteilungsleiterinnen kennen das schon und drängen verzweifelte Ehemänner regelmäßig von der Kasse wieder in die Umkleidekabine zurück, wo eine verständnislose Ehefrau wartet und sagt: »Aber Schatz, wir haben doch gerade erst angefangen!« Der schnaubende Mann lässt sich nur durch das Versprechen beruhigen, nach dem Klamotteneinkauf direkt in die Technik-Abteilung gehen zu dürfen.

Nach weiteren fünf Minuten des Anprobierens ist die Luft in der Kabine so heiß, dass der Kleiderwechsel noch schneller vonstatten geht. Langsam machen sich Fluchttendenzen bemerkbar. In der Zwischenzeit werden aus der Technik-Abteilung umherirrende, leicht bekleidete Männer von Bodyguards sanft zurückbefördert. Aus der Lautsprecher-Anlage ertönt folgende Suchmeldung: »Frau Müller-Mayer sucht Herrn Müller-Mayer, er ist circa 50 Jahre alt, hat schütteres Haar und ist nur mit verwaschenen Boxer-Shorts bekleidet. Bitte helfen Sie ihm zurück in die Herren-Bekleidungs-Abteilung, seine Frau wartet auf ihn.«

Nach weiteren drei Minuten ist der Ofen aus. Der Mann verheddert sich fluchend im Vorhang der Kabine, rennt mit hochrotem Kopf raus, die Frau schnappt die bereits anprobierten Sachen, um sie an der Kasse zu bezahlen, und rast in die Technik-Abteilung, wo sie ihren Mann völlig entspannt vor dem neuesten Flachbildschirm vorfindet, auf dem gerade Fußball läuft. Um *den Mann* vom Bildschirm wegzulocken, hilft nur das Kaufen eines technischen Gerätes. Damit es nicht zu teuer wird, kann man auch einfach nur ein Verlängerungskabel erstehen, welches sich sehr gut zum Abschleppen des Mannes aus der Technik-Abteilung eignet.

nur um die Prozedur zu einem glücklichen Ende zu bringen.

Dabei genügt einer Frau nicht ein »Ja, ja«. Sie will eine detaillierte Aussage. Am besten man lässt sich von den erfolgreichen Übertreibungen der Verkäuferinnen, also von Frauen inspirieren. Schatzi jedenfalls ist überglücklich, wenn sie mit unsicherem Blick aus der Kabine kommt und man sie mit folgenden Sätzen bewirft. »Wow. Aber halloo!! Bist das wirklich du? Diese Farbe steht dir ja unheimlich gut! Dreh dich doch mal um.« *Sie macht es wirklich.* »Ja, super. Darin hast du einen Po wie eine Brasilianerin. Ehrlich. Du siehst sehr sexy darin aus, kann ich es dir gleich vom Leib reißen? Das musst du nehmen, bevor es dir jemand anderes wegschnappt.« *Sie sieht sich schon mal ängstlich um. Man hat fast schon gewonnen. Jetzt noch ein bisschen drauflegen.* »Ehrlich, eindeutig ein Muss. Du siehst einfach betörend, umwerfend, bezaubernd, berauschend, erregend, entzückend, wundervoll und toll aus. Wann wollen wir ausgehen, damit ich allen zeigen kann, was für eine wunderschöne Frau ich habe? Wenn wir nicht sofort gehen, komme ich mit in die Umkleidekabine.«

So geht das. Auf diese Weise hat man die meisten Chancen, noch am Abend nach Hause zu kommen. Es sei denn, sie sieht kurz vor dem Ausgang noch ein paar andere Dinge:

»Oh, Schaatzzziihh, guuuck maal. Schuuuhheeee!!«

Fitness-Studio

Fitness-Studios – diese wunderbaren Einrichtungen zur Förderung sozialer Kontakte und Kommunikation sind im Grunde genommen Tauschbörsen der Netzwerkerinnen-Innung. Leider werden diese Einrichtungen von Spezies des männlichen Geschlechts regelmäßig missbraucht. Diese eitlen Exemplare männlichen Körperkultes stören uns Frauen an der empfindlichsten Stelle.

Sie belagern die Geräte und verhindern dadurch unseren Kommunikationsfluss, indem sie vorgeben, zu »trainieren«. Stur vor sich hin starrend, die Aufmerksamkeit nach innen gerichtet und mit den Lippen lautlos Zahlen formend: 25, 26, 27 ... Es ist grauenerregend!

In der Zeit, in der wir uns über unsere neuesten Errungenschaften der Designer-Sport-Mode austauschen wollen, werden unsere Augen durch verschwitzte Muskelpakete beleidigt. Der Lichteinfall in den Fitness-Zentren ist generell auch denkbar ungünstig, denn er beleuchtet mehr die eingeölten Primaten an den Geräten als unsere eigenen Alabasterkörper. Auf die schlimmste Art und Weise wird verdeutlicht, wo wir unser Augenmerk *eigentlich* hinwenden sollten: auf unsere »Problemzonen«.

»Meine Problemzone ist mein Mann«, kichert es hinter uns an einer Foltermaschine, welche den Po in Richtung »brasilianisches Model« formen soll. Währenddessen müht man sich selbst mit irgendwelchen Hanteln ab, wobei man höllisch aufpassen muss, dass

Fitness-Studio

Die angenehmen Zeiten sind schon lange vorbei. Nämlich die, als ein Mann noch nach seinem Charakter beurteilt wurde. Nach seinem Humor und seiner Intelligenz. Manchmal auch nach seinem Geldbeutel. Heute konkurrieren selbst die bravsten Ehemänner mit Sixpacks, Waschbrettbäuchen und V-förmigen Vorzeigetypen.

Auch wenn uns Schatzi einreden will: »Aber Mausebär, zwischen uns zählen doch andere Werte«, will man ihr nicht so recht glauben, denn Männer finden einen knackigen durchtrainierten Frauenpo doch auch sinnlicher.

Spätestens dann also, wenn man im Stehen keinen Blick mehr auf sein bestes Stück werfen kann, nehmen die Zweifel überhand. Vor allem, wenn die Süße abends beim DVD-Abend mit verliebtem Blick Brad Pitt auf den Bauch stiert und die Badeszene immer wieder zurückspult oder sie sich auffällig lang mit dem schlanken Barkeeper unterhält.

Man meldet sich also in einem Fitness-Studio an. Mit guten Vorsätzen. Vorsätze sind das, was man zu Silvester hat und dann bis zum 2. Januar durchhält. Um nicht erneut in eine solch kurzfristige Falle zu tappen, unterschreibt man deswegen mit seinem Schatzi gleich für zwei Jahre. Natürlich auch, weil man auf diese Weise 1,50 Euro im Monat spart.

Aber schon am Eingang wird einem klar, dass es hier zwei Arten von Menschen gibt: Solche, die halb nackt mit einem dümmlichen Grinsen zeigen, wie viel sinnlose Zeit sie bereits im Studio verbracht haben, und solche im sie einem nicht auf die Zehen fallen. »Meine Problemzone ist fünf Quadratmeter groß – meine Haut«, stöhnt man selbst zurück, im Augenwinkel Mr. Sixpack observierend, der mit müheloser Leichtigkeit die Gewichte jongliert.

Am allerschlimmsten ist der Blick in den Spiegel. Leider sind Fitness-Zentren komplett mit Spiegeln ausgekleidet, so dass man unmöglich den Blick von dieser wandelnden Mett-Wurst abwenden kann, die seltsamerweise auf den gleichen Namen hört wie man selbst.

Ganz finster wird es, wenn die schwachsinnig kichernden Freundinnen von Mr. Universum (allesamt blond, mit einem lustig wippenden Pferdeschwanz, und unter 20) auftauchen und ihn wie eine schnatternde Gänseschar umschwärmen, die Geräte in Beschlag nehmen und man selbst beim Anblick ihrer Spaghetti-Beine nur noch die Flucht ergreifen kann.

Beim anschließenden Tanztraining ergeht es einem nicht besser. Die Sinnkrise fest im Griff, schwingt man seine Keulen zu überlaut hämmernder Hip-Hop-Musik. Leider ist das Einzige, was hip-hopt, der eigene Busen.

Einige Minuten zu spät kommend, bevölkern die Model-Blondinen den Raum und kreisen sogleich mit dem nicht vorhandenen Becken. Die eigenen Augen wissen nicht mehr, in welchem Beobachtungsradius sie größere Minderwertigkeitskomplexe hervorrufen: Mit der Beobachtung der bauchfreien Vertreterinnen der Gattung »Barbie« oder mit dem eigenen Spiegelbild, denn im Spiegel sieht man im Gegensatz zu denen aus, als hätte man sich gerade aus einem Rubens-Gemälde befreit.

Schlabberlook mit langen, weiten T-Shirts, um vor allen Umstehenden zu verbergen, dass sie sich zum ersten Mal in so ein Studio verlaufen haben. Natürlich gehört man zur zweiten Gattung, während Schatzi zur Einführungsstunde einem Trainer der ersten Art nachläuft.

Dabei gibt es durchaus angenehme Plätze in so einem Studio. Bei Männern sind zum Beispiel besonders die Fahrräder sehr beliebt. Sie stehen nämlich direkt hinter den Steppern, die wiederum bei den Frauen sehr beliebt sind. Und so steigen dünn bekleidete Strumpfhosen, mit unverschämt sexy Tangas, unentwegt vor männlich gierenden Nasen die Treppen hoch, ohne jemals dem Blick zu entschwinden. Die Pomuskeln spannen und lockern sich wieder. Männer können auf diese Weise stundenlang Fahrrad fahren. Tagelang. Bis sie vom Rad fallen. Ist man allerdings das erste Mal in solch einem Studio, fällt man bereits nach zehn Minuten vom Rad.

Und dann geht man an die Geräte, weil man sich dort unbeobachtet fühlt. Während man heimlich die Gewichte von 3000 Kilo auf 20 Gramm runterschraubt, zeigt ein überdimensionaler Spiegel, wo sich die ganze traurige Wahrheit des Wohlstands festgesetzt hat.

Noch bleibt einem die Hoffnung, dass die Angeber links und rechts zwar einen Body haben, der alle Nichttrainierten beleidigt, dafür aber nur wenig Grips. Die Hoffnung hält leider nicht lange an. Der Angeber links ist Anwalt, mit Muckis, dass man glauben könnte, er käme vor einem Richter mit Fäusten viel schneller zu seinem Recht als mit Worten, links eine blonde Jungunternehmerin, bei der man selber auch jeden Vertrag unterschreiben würde. Und die ist auch noch nett. Und witzig. Und verständnisvoll. Und obendrein Single. Alles wäre also super, aber genau als man endlich in ein nettes Gespräch verwickelt ist, kommt garantiert die Süße verschwitzt und mit roten Wangen reingeschneit. »Musst du jetzt den

»Nicht hingucken, nicht vergleichen, ausatmen, Schönheit kommt von innen«, murmelt man zwischen zusammengebissenen Zähnen vor sich hin und versucht innerlich komplett frei zu werden von dem Gedanken, ihnen die Spaghetti-Beine um den Schwanenhals zu knoten.

»Männer haben es da viel leichter«, meldet sich eine hasserfüllte Stimme in mir. »Sie können aussehen, wie sie wollen, es wird immer eine »Barbie« von ihnen hingerissen sein und das Bankkonto plündern, während unsereins Schwierigkeiten hat, die Mindest-Alimente zu bekommen.« »Nein, das stimmt nicht«, meldet sich das engelhafte Wesen in mir. »Die Männer müssen heute mehr denn je auf ihr Aussehen achten, sie müssen sogar vor dem Sex duschen, früher war das ganz anders. Schau, die Angst um den Verlust der männlichen Anziehungskraft bringt sie sogar dazu, Deo zu benutzen, die Unterhose jeden Tag zu wechseln und ins Fitness-Studio zu gehen.« Mitleidig lächelnd sinniere ich noch ein Weilchen vor mich hin, als mich die Stimme der Trainerin aus meinen Tagträumen reißt: »And one, two, three, four, don't stop!!« Warum man auch noch Fremdsprachenkenntnisse mitbringen muss, um seinen Speck loszuwerden, bleibt ein ewiges Rätsel. Und als hätte ich noch nicht genug mein Fett wegbekommen, verrät der Blick auf die Uhr, dass beim Tanztraining erst zehn Minuten vergangen sind. Mein Kreislauf ist kurz davor, zu kollabieren. Keuchend das Handtuch vor den drohenden Gesichtsverlust (leider nicht Gewichtsverlust) haltend, fliehe ich aus dem Raum. Und natürlich laufe ich direkt in die Arme eines durchtrainierten Muskel-Prototyps, der mich fragt, ob ich »Fun« gehabt hätte. Mühsam entlocke ich mir ein grinsendes »klar«. Michelangelos »David« bewegt seinen wie in Marmor gemeißelten Körper in

Müsliriegel essen? Mein Mann will nämlich abnehmen. So war es doch, Schatz, oder?« »Mein Mann« heißt: *Lass die Finger von ihm, der gehört mir, du Pissnelke.* »Will abnehmen« bedeutet: *Er ist ganz unansehnlich unter seinem T-Shirt, er würde dir sowieso nicht gefallen.* Und »So war es doch, Schatz« heißt: *Dieser Kerl durchläuft gerade mein Erziehungsprogramm.*

Und so befindet man sich plötzlich unter Schatzis Aufsicht in der Stretchinggruppe.

Während man dort selber gerade die Kniekehlen berühren kann, betrachten andere ihre Fußsohlen von der anderen Seite. Spätestens zu diesem Zeitpunkt hat man keine Ahnung mehr, warum die eigene Frau eigentlich bei einem bleibt, auch wenn einem Schatzi aufmunternd zulächelt. »Das wird schon.«

Als würde diese Demütigung nicht schon reichen, steht man beim Duschen zwischen braungebrannten Sixpacks, während man seinen weißen Schwabbelbauch

Richtung »Spinning-Raum« (früher hieß das Radfahren) und gesellt sich zu den anderen »Davids« seiner Gattung.

Verzweifelt und von allem beraubt, was mir lieb und teuer ist, fasse ich innerlich die Geschehnisse zusammen.

Verlustmeldung über folgende Dinge:

1. Zufriedenheit über mein Aussehen,
2. Kommunikationsplattform, durch die brutale Eroberung des Reviers durch Gänse,
3. Netzwerk mit gleich gesinnten Freundinnen.

Beim rituellen Latte Macchiato nach dem Training beschleicht mich der Gedanke, dass ich bei meinem Mann das ein oder andere Speckröllchen ganz kuschelig finde und meine eigenen Fettpölsterchen ganz bestimmt mehr Persönlichkeit haben als die bretterartigen Hungerhaken. Und ich bestelle noch ein Tiramisu.

schrubbt, ein paar Woody-Allen-Witze erzählt und sich auch so fühlt wie er.

Spätestens jetzt, wo einem klar wird, welche Auswahl an Männern Frauen eigentlich in dieser großen weiten Welt zur Verfügung haben, weiß man, dass man Schatzi nie wieder alleine in ein Studio gehen lässt.

Ein Nachmittag im Fitnessstudio ist also für eine Partnerschaft sehr wesentlich. Der Mann weiß nun, dass er verdammtes Schwein gehabt hat, als Schatzi in blinder Umnachtung »Ja« zu ihm gesagt hat und Brad Pitt keine Erfindung der Filmindustrie ist. Solche Männer gibt es wirklich. Gleich um die Ecke.

Von nun an wird man also jeden Tag ins Studio gehen. Schade nur, dass das beste Stück eines Mannes nicht aus einem Muskel besteht, den würde man doch gern bis zum Abwinken trainieren. Das ist übrigens der einzige Trost beim Duschen, wenn diese Container von Muskelpaketen sich selbstverliebt die Haare föhnen und »er« nicht mit gewachsen ist. Aber weiß das auch Schatzi?

Klamotten

Männer haben keine Ahnung! Für sie sind Klamotten Gebrauchsgegenstände, die man anzieht, um nicht zu frieren oder als Exhibitionist beschimpft zu werden. In den Kleider-Schrank schauen sie nur, wenn man die Jeans, die sie tragen, nicht mehr als solche erkennen kann.

Das ewig gleiche Lieblingshemd erinnert an eine Malerei von Kandinsky und ist nur noch durch eine Behandlung mit industriellen Bleichmitteln von Essensresten oder anderen undefinierbaren Flecken zu befreien. Männer besitzen T-Shirts, welche älter sind als die Frau, mit der sie leben.

Männer haben auch keine Ahnung von Farben. Männer sind nämlich farbenblind – sie würden es nur nicht zugeben. Um sich nicht durch abenteuerliche Farbkombinationen lächerlich zu machen oder mit Fernsehmoderatoren verwechselt zu werden, tragen sie aus Sicherheitsgründen am liebsten nur Schwarz. Diese Hilflosigkeit bleibt nicht nur auf die Farbwahl beschränkt, sondern greift auch auf die Entscheidungsfähigkeit über. Wenn es darum geht zu entscheiden, was sie anziehen sollen, stehen sie vor dem Kleiderschrank wie ein hilfloses kleines Kind im Bonbon-Laden, in Erwartung eines Riesenlutschers. Der viel gepriesene Orientierungssinn lässt sie vollkommen im Stich. Lösungsvorschläge, *wie* sie am besten ihre Sachen finden – nämlich durch die Beschriftung der Fächer mit den Inhalten derselben – fruchten überhaupt nicht. Wenn sie (im äußersten Ausnahmefall)

Klamotten

Was für Männer Sex ist, sind für Frauen Klamotten.

Hinter diesem Wort verbergen sich für Frauen Sehnsüchte, Hoffnungen, Euphorie, Kreativität, Ausdauer, Suchtverhalten und natürlich auch das Gefühl von Minderwertigkeit – und: Es gibt nie genug davon.

Deswegen gehen Frauen auch so gerne shoppen. Ebenso oft, wie Männer gerne Sex haben würden. Nur mit dem Unterschied, dass Schatzi bekommt, was sie will.

Völlig daneben – ich sage das aus eigener Erfahrung – ist jedenfalls die Bemerkung: »Du hast doch schon so viel im Kleiderschrank.« Frauen haben nie genug im Kleiderschrank. Selbst wenn seine Sachen inzwischen aus Platzgründen ausgelagert wurden und in Pappkartons auf bessere Zeiten warten – für ihre »viel zu wenigen« Bekleidungsstücke reichen weder die Kammer, die acht Schränke, die drei Kommoden, noch das Schlafzimmer aus. Als er für die Schuhsammlung auch noch das Fach mit den CDs räumen soll, kommt beim leisesten Anflug von Entrüstung die Frage: »Bin ich dir nicht einmal das wert?«

Ganz schlimm ist, dass immer dann, wenn man eine Abend-Einladung von seinem Chef und seiner bezaubernden Ehefrau erhalten hat, Schatzi kurz vor dem Weggehen in solche Zweifel gestürzt wird – gerade, weil sie ja so viel Auswahl hat –, dass man den Termin wieder getrost absagen kann. Am schlimmsten wird es, wenn sie sich extra für diesen Anlass ein neues Kleid gekauft hat und flötend voller Glück erscheint: »Liebling, ich muss dir unbedingt mein neues Kleid zeigen! Es war ein super Schnäppchen!«

etwas suchen *müssen*, weil sie sonst ohne vollständige Bekleidung aus dem Haus gehen würden, werden die Fragen nach den einzelnen Bekleidungseinheiten mit Vorliebe schreiend durch mehrere Zimmer hindurch getätigt:

Mann: (*ruft*) »Schatz, wo sind denn meine Unterhosen?«

Frau: (*ruft aus dem Nebenzimmer*) »Im dritten Fach links!«

Mann: (*ruft schreiend*) »Ich sehe sie nicht.«

Frau: (*ruft schreiend*) »Dann schau doch mal ordentlich nach!«

Mann: (*schreit*) »Ich finde sie nirgends!«

Frau: (*schreit verzweifelt*) »Das kann nicht sein, sie sind im Fach links!«

Mann: (*kurz vor dem cholerischen Anfall*) »Dann schau doch selbst, sie sind nicht da!!!«

Frau kommt enerviert dazu und findet den Mann in aufrechter Haltung, keine Anzeichen des Suchens, vor dem Schrank stehend vor.

Mann: »Da bin ich ja mal gespannt!«
Frau zieht die Unterhosen mit einem Handgriff blind aus dem Fach.

Frau: »Da sind sie doch, du hast nur nicht richtig nachgesehen!«

Mann: »Du hast auch nicht gesagt, dass sie links *hinten* sind!«

Was lernen wir daraus? Männer wollen präzise gesagt bekommen, wo was ist, sonst verweigern sie ihre Mitarbeit. Zu allem Überfluss schieben Männer in einer solchen Situation die Schuld den Frauen in die Schuhe, so, als hätten sie die ersehnten Suchobjekte mit Absicht so raffiniert versteckt, dass selbst ein erfahre-

Damit wird vorab signalisiert, dass es auf gar keinen Fall ein Fehlkauf sein kann.

»Wie gefällt es dir?«

»Ja, prima, lass uns gehen.«

Fehler. Großer Fehler. Schatzi registriert nämlich seismographisch auch die kleinste Schreckreaktion.

»Was ist damit?« *Die Stirnfalten lassen nicht Gutes vermuten.*

»Es ist prima. Wir müssen los!«

»Es ist gar nicht prima! Was ist damit?«

»Na ja, es ist ein bisschen…«

»Ein bisschen was?«

»Deine Brüste sehen ein bisschen flach aus, so als hättest du keine.«

Schlagartig ist Schatzi megasauer: »Du kannst einem aber auch alles vermiesen!«

Man selbst, mittlerweile auch sauer und auf die Uhr blickend: »Wir kommen zu spät und ich werde ja wohl noch meine Meinung sagen dürfen!«

Spätestens jetzt setzt Schatzi ihr gewaltiges Stimmvolumen ein: »Ja, aber nicht so!«

»Wie denn dann?! Darf ich nicht sagen, dass du darin aussiehst wie eine Bratwurst?«

Selbstverständlich verlässt die wütende Frau augenblicklich den Ort des Geschehens, sperrt das Kleid ganz hinten in den Schrank und findet es erst nach fünf Jahren wieder. Dafür erscheint sie kurz darauf mit rotem Kopf und komplett neuem Outfit und baut sich vor einem auf.

»Passen die Schuhe zu diesem Kleid?«

Nanu, sonst hat man angeblich doch überhaupt keinen Geschmack und nun soll man Experte in diesen Dingen sein. Ein schneller Blick auf die Uhr. Wir sind bereits jetzt mega zu spät.

»Ja, prima, lass uns gehen.«

Falsche Antwort. Ganz falsche Antwort.

ner Unterhosen-Sucher sie mit bloßem Auge nicht hätte erkennen können.

Nachdem die Suche erfolgreich verlaufen ist, lassen sie die Frau auf keinen Fall wieder zurück zu ihrem Schminkspiegel, sondern wünschen sich *aktive* Mithilfe bei der Entscheidung, was sie denn nun anziehen sollen. Am liebsten wäre es ihnen, man würde die frisch gebügelten Sachen jeden Morgen hübsch rauslegen, damit sie keine Energie darauf zu verschwenden bräuchten, nach den Sachen zu suchen. Auf den dringenden Hinweis, dass man, wenn man selbst nicht genug Zeit zum Schminken und Anziehen bekäme, mit ziemlicher Sicherheit zu spät kommen und die Abendeinladung mit saueren Gesichtern beginnen würde, wird *nicht* reagiert.

Frau: (*schwer unter Zeitdruck*) »Schatz, zieh doch einfach den schwarzen Anzug an, der steht dir immer.«

Mann: (*seelenruhig, da er weiß, dass sie jetzt in der Falle sitzt*) »Da passt mir die Hose nicht mehr.«

Frau: (*schmeißt ungefähr 38 Hosen zur Auswahl hin*) »Ich kann mich jetzt nicht um deine Kleiderauswahl kümmern, ich muss mich selbst auch noch anziehen, sonst kommen wir zu spät.«

Mann: (*entrüstet*) »Du willst doch nicht, dass ich alle durchprobiere!«

Frau: (*resigniert*) »Wie sollst du sonst herausfinden, welche dir noch passt? Meinst du, ich kann mit bloßem Auge erkennen, welche deinen Bauch verschwinden lässt?«

Mann: (*widerwillig eine nach der anderen anprobierend, indem er den Bauch demonstrativ herausstreckt*) »Da, siehst du, wir können nicht gehen, es gibt keine Hose, die mir passt.«

»Dich kann man aber auch gar nichts fragen!« Mit größter Verzweiflung verschwindet sie wieder in die Tiefen der Schränke, Ankleidungszimmer und Kammern. »Was soll ich nur anziehen?«

»Du hast doch bereits was an. Lass uns gehen. Und mach bitte nicht deine Frisur kaputt, du hast dafür drei Stunden gebraucht.«

Panisch erscheint Schatzi zwischen Bergen von Kleidungsstücken und hechtet nur mit BH und Slip bekleidet zum Spiegel.

»Was?! Was ist mit meiner Frisur?«

»Alles in Ordnung. Lass uns gehen.«

»Soooo etwaaaaa?!«

Nun weiß man, dass es wirklich lange dauern wird. Andererseits sieht sie in ihrer Unterwäsche wirklich süß aus. Männer denken angeblich alle acht Minuten an Sex. Und meist dann, wenn es vollkommen unmöglich ist.

»Müssen wir überhaupt dorthin?«, fragt man scheinheilig und hat bereits gezielte Alternativpläne im Kopf.

»Jetzt fang nicht *wieder* damit an.«

»Wieder? Wieso wieder?«

»Weil du mit mir *nie* ausgehen willst. Mit deinen Kumpels dagegen *ständig*.«

Na klar, da kann ich auch anziehen, was ich will.

»Jetzt sag schon, die Schuhe hier oder andere?«

»Ja, doch, die passen prima zum BH.«

»Oh mein Gott, ich werde nie fertig.«

»Dann geh doch nackt, damit bekommen wir garantiert einen super Geschäftsabschluss hin.«

»Weißt du was?!!«, baut sich Schatzi drohend vor einem auf. »Warum gehst nicht alleine zu diesem Scheiß Dinner!!«

Bereits völlig hilflos, *macht man nun die blödsinnigste Bemerkung des Abends* »Das mache ich auch, die Frau meines Chefs macht sicher nicht so viel Theater darum, wie du.«

Frau: (*am Rande des Nervenzusammenbruches*) »Dann zieh den Bauch ein!! Es ist mir egal!! Ich muss mich jetzt selbst anziehen, ich bin weder geschminkt noch sind meine Haare fertig, noch weiß ich, was ich anziehen soll und du brauchst nur einen schwarzen Anzug anzuziehen und tust so, als ob wir zur Oscar-Verleihung eingeladen wären!«

Mann: (*beleidigt den Bauch mit einem Gürtel bändigend*) »Wir müssen aber in 15 Minuten fahren!!«

Frau: »DAS KÖNNTEN WIR AUCH, WENN DU DICH ALLEINE ANZIEHEN KÖNNTEST!!!«

Das ist wieder typisch! Während wir kostbare Zeit mit ihnen vergeuden, die wir eigentlich für uns selbst benötigen, drehen sie das Blatt um, und WIR sind diejenigen, die NIE fertig werden …

In diesem Falle gibt es nur zwei Möglichkeiten:

1. Wir lassen den Mann alleine zu diesem Termin gehen, damit er *spürt*, was er falsch gemacht hat, oder …
2. Wir versetzen den Mann durch einen gezielten Handkantenschlag ins Land der Träume und ziehen ihn im bewusstlosen Zustand an – was eine immense Zeitersparnis bedeutet.

Ab diesem Moment gibt es zwei Möglichkeiten.

Erste Möglichkeit
Mann liegt nach wildem Kampf auf dem Boden, Frau steht aufrecht über ihm, beide Stöckelschuhe in seinen Handflächen eingegraben und fragt zärtlich, aber bestimmt: »Wie sehe ich aus?«

Mann röchelt: »Von hier aus toll ...«

Zweite Möglichkeit
Auf der Straße: Spaziergänger können beim Vorübergehen am Fenster eines Restaurants von außen zwei einsame Männer an einem Tisch sitzen sehen, der eigentlich für vier Personen gedeckt ist.

Geschenke

Nicht nur, dass man schon wieder daran erinnert wird, ein Jahr älter geworden zu sein, nein, das Schicksal beschert einem zu allem Überfluss auch noch einen Mann, der ununterbrochen fragt: »Was wünschst du dir denn zum Geburtstag, Schatz?«, um dann im selben Atemzug zu sagen: »Aber komm mir nicht mit Schmuck, den kannst du dir selber aussuchen, damit kenne ich mich nicht aus.« (Kommt Ihnen dieser Satz bekannt vor? Kein Wunder, den haben Sie schon im Kapitel Waschmaschine gehört.)

Aber wo bleibt denn da die Überraschung? Soll ich etwa zu meinem Lieblings-Juwelier gehen, mir etwas aussuchen, was den Gegenwert des neuesten Laptops hat – man kann froh sein, wenn man das am Geburtstag nicht ständig zu hören bekommt –, um es dann selbst einzupacken und am Tag X mit einem verschämten Lächeln: « Aber nicht doch, das wäre doch nicht nötig gewesen«, wieder auszupacken? Womöglich wurde es noch mit der eigenen Kreditkarte bezahlt?

»Aber nein, Schatz«, natürlich habe ich dieses Jahr etwas für dich, das eine Überraschung sein soll«, sagt der Göttergatte oder Gefährte zum Leben ...

Hoffentlich gibt es keinen Gutschein für eine Gesichtsbehandlung. Ich will mich nicht auf einen schmuddeligen Kosmetikstuhl setzen und Mitesser ausgedrückt kriegen.

Da Frauen Überraschungen lieben und den Gegenwert des Geschenkes sofort im Internet recherchieren – entweder um den eigenen Wert daran zu messen oder

Geschenke

Ich kannte mal einen Mann, ich kannte ihn sogar ziemlich gut – jetzt habe ich mich geändert –, der hatte seiner Frau zum Geburtstag einen Tischstaubsauger geschenkt.

Diesen Fehler hat er nie mehr wiederholt. Und Gott sei Dank bekam er noch viele Chancen, den Fauxpas aus der Welt zu räumen, aber er ist beiden in lebhafter Erinnerung geblieben. Nicht, dass auf dem Tisch nicht auch noch andere Geschenke gewesen wären, er war überladen mit Liebesbeweisen und dennoch, dieses eine technische Teil ist alles, was von diesem Tag als ewiges Mahnmal geblieben ist.

Und so geraten Männer Jahr für Jahr gehörig unter Druck.

Geburtstag. Allein das Wort treibt einem den Schweiß auf die Stirn. Schon Monate vorher. Weihnachten ist auch so ein Unwort des Jahrhunderts für Männer. Dabei gibt es ja auch noch den Valentinstag, den Namenstag, den Hochzeitstag, den Kennenlerntag, den Tag der ersten Liebesnacht, den Tag des Einzugs in die erste gemeinsame Wohnung …

Wer hat sich wohl dieses System ausgedacht? Dreimal dürfen Sie raten.

Irgendwann einmal vor langer Zeit muss irgendeine dieser Urzeit-Frauen für sich entschieden haben, dass es besser sei, ihr irgendetwas zu schenken, was sie nicht brauchen kann – Überraschung nennt man das –, als ihr Geld zu geben, damit sie sich das selber besorgen kann, um den Verkaufwert bei Ebay festzulegen –, geben sie sich diesmal also der völligen Unkenntnis frohgemut hin, um naiv und freudig erregt wie ein Kind, auf den Tag der Tage zu warten.

Je näher der Tag X rückt, desto angespannter wird die Lage im männlichen Hoheitsgebiet. Gespräche bekommen plötzlich ungeahnte Wendungen und werden grammatikalisch hin- und hergezerrt, um auf Umwegen Hinweise zu erhalten, die man durch einfaches Fragen sicher niiie herausbekommen hätte.

Spaziergänge in der Stadt werden zur Tortur, jedes längere Verweilen am Schaufenster wird akribisch im Bewusstsein festgehalten, um am nächsten Tag des Augapfels Freude zu erwerben.

Es gibt ja sehr unterschiedliche Männergattungen. Sicher gibt es die, die sich an den Geburtstag der Ehefrau durch die Sekretärin erinnern lassen, um dann Standardgeschenke zu besorgen. Es gibt aber auch jene, welche ungeheuere Fantasien entwickeln, nur um ihrer Liebsten etwas ganz Besonderes zu schenken – und zwar jedes Jahr aufs Neue! Wie großartig! So ein Exemplar habe ich erwischt!! Hab ich ein Glück!

Am Morgen meines Geburtstags werde ich mit Frühstück am Bett geweckt. Voller Vorfreude gehe ich die Treppe hinunter und sehe schon den Gabentisch voller Päckchen.

Ganz unbescheiden reiße ich gleich das größte auf: Meine Pupillen weiten sich, ich kann gar nicht glauben was ich sehe!!!!!

Einen Tischstaubsauger!

Ich vergesse zu atmen.

Voller Stolz verkündet mein Technik-Freak: »Das ist der Rolls-Royce unter den Tisch-Staubsaugern! Der hat eine viel größere Saugkraft als alle anderen.«

was sie dringend wünscht. Und da Frauen andere Frauen gerne kopieren, machen es inzwischen alle Frauen so.

»Überrasche mich«, ist der berühmteste Satz, der einem Mann den Angstschweiß in den Nacken treibt. »Überrasche mich einfach«, heißt so viel wie: »Mal sehen, wie gut du mich kennst und wie lieb du mich hast.« »Überrasche mich einfach«, heißt so viel wie: »Ich habe selber keine Ahnung was ich will, ich hab ja schon alles, aber ich will von dir etwas, was ich nie erwartet hätte.« Also kann man auch nicht die Frage stellen, was sie denn erwartet. Es muss ja etwas sein, was sie eben nicht erwartet.

Ist das Geschenk zu groß, wird sie misstrauisch. – Hat man vielleicht etwas gutzumachen?! – Ist es zu klein, schaut sie sich schon mal anderweitig nach einem besseren Schenkpartner um. Um einen noch mehr unter Druck zu setzen, flötet Schatzi schon Wochen vor dem Beschenkungstag: »Ich bin ja schon so gespannt, Schatz.« Gerne lassen Frauen auch so ganz nebenbei einfließen, wie sehr sich all die Ex-Männer den Arsch aufgerissen haben, um sie glücklich zu machen.

Und alles, was einem selber einfällt, ist ein Tischstaubsauger.

Die Steigerung von Geburtstagen ist Weihnachten. Das Fest der Liebe.

Der Stress mit Weihnachten beginnt jedenfalls schon im Januar, beim Umtauschen der Geschenke. Dabei erfährt man dann ganz nebenbei, dass Schatzi beim nächsten Mal schon etwas anderes erwarten würde. Nein, Frauen drücken das nicht so deutlich aus. Frauen sagen »Alles ist gut.« Aber es schwingt in ihrer Stimme so eine gewisse Färbung tiefer Betroffenheit mit, dass man weiß, viele Chancen bekommt man nicht mehr.

Nach ein paar Monaten des Verdrängens beginnt dann

In Sekundenbruchteilen bricht eine Dornröschen-Welt zur Aschenputtel-Welt zusammen. Meine graue Gesichtsfarbe wird vom Prinzen, der sich gerade in einen Frosch zurückverwandelt hat, irritiert zur Kenntnis genommen: »Aber, aber, bei dem bist du ganz lange vor dem Schaufenster stehen geblieben und hast sogar gesagt, dass wir so etwas bräuchten!«

Ich: »Jaaa, Schatz, aber doch nicht zum *Geburtstag*!!«

Er: »Nichts kann man dir recht machen! Den habe ich monatelang im Keller versteckt, damit du ihn nicht findest!«

Ich: »Das wäre auch besser gewesen!«

Um den bereits zu Beginn ruinierten Tag nicht vollends zum Fiasko zu erklären, schlucke ich die Enttäuschung hinunter und freue mich darüber, dass Schatzi nur das Beste gewollt hat ... und die Absicht alleine ist ja das Ausschlaggebende (wer hat uns nur so einen Unsinn erzählt). Schatzi ist denkbar irritiert, das gemeinsame Kind versucht die Lage zu entspannen und schlägt vor, gemeinsam zu backen. Nicht besonders erpicht darauf, auch noch den eigenen Geburtstag in der Küche zu verbringen, schlage ich einen Kino-Nachmittag vor. (Bei einem guten Film lassen sich viele Dinge vorübergehend vergessen.) Auch die Katzen spüren, dass sie an so einem Festtag diesmal nicht kotzen dürfen. Alle sind auf Habtacht und vermeiden geflissentlich das Thema »Geschenke«. Den Anrufern, die am Telefon unfassbar gute Laune verbreiten und originellerweise *alle* singen, antworte ich auf die bohrende Frage: »Na, was hast du geschenkt bekommen?«

»Tolle, tolle Sachen! Diesmal hat mein Mann sich selbst übertroffen!!«

im September der Weihnachtsstress, wenn es zu regnen anfängt und ein kalter Tag einen an den ersten Schnee erinnert. Im Oktober belauscht man Schatzi. Im November versucht man, ihr alle Wünsche auszureden und notiert sie sich heimlich im Kalender. Im Dezember steigt die Anspannung, weil alle anderen Männer Deutschlands bereits das gekauft haben, was man selber jetzt so dringend bräuchte. »Warum sind Sie denn nicht im Oktober gekommen?«, fragt der Verkäufer. Weil Frauen doch immer alles finden!! Man kann vor ihnen doch nichts geheim halten!

Aber was man auch schenkt, die Wahrheit, ob das Geschenk auch wirklich so gut ankommt, wie sie tut, wird man nie erfahren. Frauen lächeln immer. Sie wollen einen ja nicht enttäuschen, wo man sich doch so viel Mühe gegeben hat.

Schatzis Freundinnen geben hier schon klarere Aussagen. »Was hast du Trottel dir denn dabei gedacht?«

Zusammenfassend lässt sich sagen: Tischstaubsauger werden einem ins Gesicht geworfen oder landen sofort im Müll. Andere Dinge wie Vasen, Kerzenständer, holzgeschnitzte afrikanische Masken findet man im Keller oder bei Ebay wieder. Dessous dagegen sieht man nie wieder. Der einzige wirkliche Hit ist Schmuck. Davon kann sie nie genug haben. Auch wenn sie nur zehn Finger und zwei Ohrläppchen besitzt.

Sex

Beim Liebesspiel ist es wie beim Autofahren:
Die Frauen bevorzugen die Umleitung,
die Männer die Abkürzung.

Jeanne Moreau

Die gute Frau spricht aus, was Millionen von Frauen schon vor ihr wussten und Millionen Frauen nach ihr noch erleben werden. Bei Männern dreht sich alles um diese drei bis sieben Minuten (in der genauen Zeitangabe schwanken die Statistiken). Wir Frauen hingegen wollen vor der Vereinigung mit dem männlichen Geschlecht umworben, umschwärmt, begehrt und angehimmelt werden.

Wir wollen vorher schön Essen gehen, den Sternenhimmel oder den Vollmond anschmachten und unserem Liebsten im Kino hemmungslos das Sakko voll schluchzen. Wir wollen auf Händen getragen und auf Rosenblättern gebettet werden.

Wir haben etwas Kostbares zu vergeben – nämlich uns, mit Haut und Haaren und jeder Faser unseres Seins. Wir müssen uns fallen lassen können und dafür braucht es Vertrauen und Sicherheit. Diese Sicherheit muss der Mann herstellen können, entweder finanziell oder emotional.

Während für den Mann das Vorspiel auch daraus bestehen kann, dass er *vorher* Fußball guckt, verhält es sich bei uns ganz anders. Wir wollen ausgiebig geherzt, angeknabbert und beschmust werden, unsere

Sex

Am Anfang hat man Sex bis zum Abwinken und ist sich sicher, diesmal die absolut richtige Frau erwischt zu haben. Dann hat man überhaupt keinen Sex mehr, da kann man winken, wie man möchte, und ist sich sicher, diesmal die absolut falsche Frau erwischt zu haben. Ganz offensichtlich ist man reingelegt worden. Während andere ihre nächtlichen Orgien in Lack und Leder feiern, lässt man sich selbst abends gelangweilt vom Fernseher berieseln. Das erzählt man natürlich niemandem. Schon gar nicht seinen Freunden. Oder Geschäftspartnern. Man lügt genauso wie sie. Man lässt sie in dem Glauben, man würde jede Nacht auf dem Küchentisch, in der Besenkammer, im Treppenhaus und im Bett sowieso …

Um nun aber nicht so schlecht dazustehen, trumpfen die anderen noch mehr auf.

Natürlich schenkt man dieser angeblichen Euphorie keinen Glauben. Aber dennoch, irgendwie weiß man nie so genau, ob nicht vielleicht doch ein Fünkchen Wahrheit dran sein könnte. Und immerhin, selbst wenn die anderen nur ein Hundertstel von dem treiben, was sie behaupten, haben sie immer noch hundertmal geileren Sex als man selbst. Was heißt geileren? Sie haben überhaupt Sex!

Es kommt, was kommen muss. Man geht zu Forderungen über. Nicht besonders empfehlenswert, denn das hat zur Folge, dass sich die Schatztruhe schließt. Auch das Argument, wie gesund Sex sei oder der Hinweis, wie viele Kalorien man dabei verbrennen würde, bringen nur selten das gewünschte Ergebnis.

erogenen Zonen müssen vor Liebkosungen vibrieren! Zwischen großem Zeh und Ohrläppchen gibt es viel zu entdecken, und jede Entdeckung braucht ihre entsprechende Zeit und Würdigung.

Der Mann hat nur *eine* erogene Zone. Die ist auch sehr schnell aktiviert, deshalb lassen wir uns etwas Zeit, um das leicht entflammbare Material erst später zu entfachen. Dies kann man nämlich mit einigen wenigen Handgriffen zu jeder Zeit tun. Wenn man (als Anfängerin) so unerfahren und unklug ist, das Feuer vorzeitig anzuzünden, dann kann man nämlich sein schönes Vorspiel komplett vergessen. Denn dann schüttet das Männerhirn solche Mengen an Testosteron aus, als ob Popeye Spinat gegessen hätte und gleich eine ganze Schar von Frauen begatten müsste. Je nach Länge des sexuellen Aktes – auch hier variieren die Angaben zwischen 30 Sekunden bis fünf Stunden – tritt beim Mann völlige Erschöpfung ein.

Danach dreht er sich um und schläft sofort selig, während wir, hellwach, mit dem Wunsch nach einem Nachspiel, fassungslos sein zufriedenes Gesicht betrachten. Eigentlich wollten wir doch noch kuscheln und schmusen. Wir wollten durch die körperliche Nähe signalisiert bekommen, dass wir einzigartig sind und unsere Hingabe ein großartiges Geschenk ist!

Männer dagegen denken nur an das EINE, und das den ganzen Tag. Über 37 Prozent aller Männer denken alle 30 Minuten an Sex (Kinsey-Institut), aber nur über 10 Prozent aller Frauen tun das auch. Kein Wunder, denn der Testosteronspiegel von Männern ist zehn- bis 20-mal höher als der von Frauen. Wenn der Mann stimuliert ist – und das ist er sehr schnell –, dann kann er aus dem Stand seine biologische Pflicht erfüllen.

Manche Männer beginnen in solchen Momenten zu grübeln und verstehen nicht, in welches Erziehungsprogramm sie gerade hineingeraten sind. Wann hat die Frau an sich eigentlich generell Lust? Männern fällt es schwer, dieser Frage nachzugehen, denn bei ihnen lautet die Antwort: Immer.

Und bei Frauen? Nun ja, irgendwie doch! Frauen wollen auch Sex. Nur wann? Das ist gar nicht so leicht zu beantworten, denn beide wollen zwar Sex, aber beide verstehen etwas völlig Verschiedenes darunter. Da ist wohl Aufklärung notwenig.

Wörter und ihre unterschiedliche Bedeutung.

Wort	*Frau*	*Mann*
Kuscheln	kuscheln	tierisch rammeln
Massieren	den ganzen Körper	nur die interessanten Gebiete
Vorspiel	reden	ausziehen
Zeit haben	die ganze Nacht	maximal acht Minuten
Nachspiel	kraulen	einschlafen
Sex haben	massieren, streicheln, volles Programm	volles Rohr
Nein	frag weiter	lass mich in Ruh
Ja	unter gewissen Voraussetzungen	jetzt sofort ausnutzen

Beim Sex stehen sich Mann und Frau also diametral gegenüber. Es könnte wohl keinen größeren Interessenskonflikt geben, und trotzdem probieren es beide immer wieder.

Für Frauen ist Sex jedenfalls eine Auswahl aus einem gigantisch reichhaltigen Katalog, aber woher sollen Männer wissen, welche Seite sie gerade aufgeschlagen haben

Evolutionstechnisch gesehen ist das ziemlich logisch, denn ein Männchen muss in der Lage sein, das Weibchen überall und ganz schnell zu begatten. Es muss deshalb ruckzuck gehen, weil das Männchen im Begattungsmoment völlig ungeschützt gegenüber Angreifern ist. Das Weibchen hingegen muss sicherstellen, dass das Männchen starke Gene liefern kann, und so ziert es sich sehr lange und will umworben und umbalzt werden, bis der Widerstand gebrochen ist und es das Männchen ranlässt. Das Männchen hat den biologischen Auftrag, so viele Weibchen wie möglich mit seiner genetischen Essenz zu beglücken, und das Weibchen muss sicher sein, dass es während der langen Aufzucht des Nachwuchses durch das Männchen geschützt ist und genügend Nahrung für alle hat.

Wenn jetzt beide unter Stress geraten und Angst haben müssen, dass das Überleben der Art nicht gesichert ist – beispielsweise weil ein Rudel Wölfe (Kollegen) oder Hyänen (Banken) oder andere wilde Tiere zum Angriff übergehen könnten –, sinkt der Geschlechtstrieb des Weibchens gen null, der des Männchens dagegen steigt, weil es mit Sex seine Spannung abbauen kann. Das Weibchen will keinen Sex, um nicht in die Gefahr einer Schwangerschaft zu kommen, denn das würde die Flucht definitiv erschweren. Das Männchen hingegen möchte im Falle der Gefahr seine Gene (Spermien) noch schnell unterbringen, um die Art zu erhalten, damit diese nicht ausstirbt. Da haben wir den Salat! Der sexuelle Bedürfniskatalog von Frauen und Männern unterscheidet sich in einem solchen Falle noch mehr voneinander als sonst. Diese biologische Konditionierung spielt sich seit über 300 Millionen Jahren in uns ab. Da wundern wir uns, warum die Monogamie predigende Gesellschaft es nicht schafft, dies in schlappen 2000 Jahren zu verändern?

wollen? Oft wissen sie es nicht einmal selber. Deswegen brauchen sie Inspiration und Angebote. Fehlen diese, lesen sie lieber einen Frauenroman.

Männer dagegen brauchen weder Inspiration noch Frauenromane. Für Männer ist Sex kurz, schnell, effektiv, schnörkellos, zielgerichtet, spontan, super entspannend, und da es so schnell und einfach geht, am besten immer wieder. Für sie gilt die alte Fußballweisheit: Nach dem Sex ist vor dem Sex.

Für Frauen dagegen ist Sex …

… also gut, hier ist die ganze ultimative Wahrheit. Darauf sollten sich Männer gefasst machen, wenn sie hoffen, ein Drei-Minuten-Nümmerchen schieben zu dürfen.

Frauen wollen Sex zelebrieren. Ihnen ist es egal, ob die Sportschau gleich beginnt. Sie wollen mit Worten und Blicken verführt werden, wobei ein falsches Wort alles zunichte machen kann. Sie wollen ein langes Vorspiel, mit unendlich viel Zeit und unendlich viel Geduld, egal wie paarungsbereit der Mann bereits ist. Sie wollen, obwohl sie wissen, dass es nicht der Fall ist, dass man so tut, als würde man zum ersten Mal ihren aufregend wundervollen Körper zu sehen bekommen. Jeder Zentimeter soll eine atemberaubende Entdeckung sein, egal wie lange man sich schon kennt. Sie wollen für ihre Dessous bewundert werden, während Männer nur überlegen, wie sie sie am schnellsten loswerden. Sie wollen den verliebten Dackelblick wie beim ersten Mal, der aber auch schon damals nur gespielt war. Sie wollen Romantik und Kerzenschein und entspannende Gespräche, auch wenn der Mann vor Erregung schon halb unzurechnungsfähig ist. Ihnen genügt es nicht, Nullachtfünfzehn-Sex zu haben, jeder Mann wäre durchaus zufrieden damit, gleichzeitig wären sie aber ab und zu auch nicht abgeneigt, einen Quickie ohne langes Vorspiel zu haben, wenn Männer nur wüssten, wann dies

Was bedeutet dies nun für uns zivilisierte Menschen mit akademischem Abschluss?

Dass selbst der schusseligste, intelligenteste Professor hinter seiner Hornbrille ein hormongesteuertes, arterhaltendes Tier ist und auch ständig an Sex denkt. In Ermangelung geeigneter größerer Jagdreviere und aufgrund der Tatsache, dass der Sex im Alltag an den unerotischen Tätigkeiten des Haushalts zu erlahmen droht, jagt uns das Männchen über den Küchentisch, die Waschmaschine, das Spülbecken, über das Treppengeländer, den Flokati-Teppich und das Wohnzimmersofa. Ab einem gewissen Stadium des Verheiratetseins ist das Ehebett der abtörnendste Ort im Sonnensystem, denn es ist gleichbedeutend mit Sex an der immer gleichen Feuerstelle. Männer sind ja nicht nur Jäger und Sammler, sondern auch Krieger. Sie wollen uns »kriegen« – renn, stolper, hüpf, spring ... Diese »marsianische« Energie ist nicht aus ihnen herauszu*kriegen*.

Da unterscheiden wir uns wieder einmal sehr von den Mars-Bewohnern ... Bewohnerinnen der Venus wollen einen triftigen Grund, um sich hinzugeben, und wollen, dass ihnen gehuldigt wird. Marsbewohner brauchen nur einen geeigneten Ort, um die Begattung vollziehen zu können.

Wir brauchen Zeit – Männer nicht. Männer möchten das Gefühl haben, viele Frauen begatten zu können, wir wollen einen liebenden Ehemann, der unseren Nachwuchs aufzieht. Männer wollen Abwechslung beim Sex, wir wollen Rituale. Da wir aber kreative Wesen sind, sorgen wir für Abwechslung, indem wir zum Beispiel ein Kuschel-Wochenende an einem anderen Ort (Feuerstelle) vorschlagen. Mit Rosenblättern, Kerzen, Duftlampen, Massageölen und Dessous im Gepäck, kennt man inzwischen die ganzen Wellness-Oasen im Umkreis von 80 Kilometern ...

der Fall sein könnte. Sie wollen Neues ausprobieren und nicht immer nur im Bett, aber auf keinen Fall vor dem Fernseher, während gerade Skispringen läuft.

Sie sind enttäuscht, wenn der Mann zu früh kommt und danach sofort einschläft. Sie sind erst recht sauer, wenn der Mann endlos lange nicht kommt. *Wie soll man sich da auskennen?*

Sie wollen, dass man auf sie eingeht, die sanfteste Andeutung sofort umzusetzen versteht, gleichzeitig erwarten sie Ideen und Einfallsreichtum, Fantasie und Überraschungen, *aber natürlich nur solche, die ihnen gefallen.* Ein Nein ist nicht immer ein Nein, sondern manchmal auch eine Aufforderung. *Na was denn nun?*

Sie wollen Zärtlichkeiten bis zum Abwinken. Vorher, währenddessen und danach. Also während der Mann längst mittendrin ist *(für ihn gibt es ja kein Davor)*, wenn es für ihn schon lange beendet ist *(also wenn sie noch mittendrin ist)*, und wenn er bereits am Einschlafen ist *(also wenn sie hofft, auch noch kommen zu dürfen)*. Sie wollen schmutzige, geflüsterte, sinnliche Worte, in denen sie die Hauptrolle spielen, *wobei sie bestimmen, welche Worte sinnlich schmutzig und welche tabu sind*. Also die Worte, die normalerweise tabu sind und für die man Ohrfeigen einstecken würde, sind jetzt gefragt.

Geht's noch komplizierter?

Ja, es geht. Manchmal wollen sie einfach nur genommen werden und dann wieder endlos gefragt. *Nur wann was gefragt ist, weiß nicht einmal das Sandmännchen.* Sie wollen, dass der Mann auch mal wirklich ein Mann ist und sie fesselt, mit unwiderstehlichem Charme und Bändern, und dann wollen sie wieder, dass er sich nur endlos anschmiegt, weich wie ein rosa Wattebäuschchen.

Und weil sie das alles nicht bekommen, verzichten sie lieber auf Sex. So, wie Männer auf Kamillentee verzichten, weil er ihnen zu langweilig schmeckt.

Timing beim Sex

Was *er* möchte:

Wham, Bang, thank you, Mam ...

Timing beim Sex

Was *sie* möchte …

Vorbereitungsphase

… drei Tage vor dem Ereignis nett behandelt werden.

… einen Tag vor dem Ereignis intensiv umworben werden.

Beginn der Entscheidungsphase (für Frauen ist das bereits Sex)

… zwei Stunden völlig überzogene Komplimente erhalten.

… eine Stunde unschuldig wirkendes Einschmeichel-Kraulen.

… eine Stunde intensiveres Einleitungskuscheln mit zielgerichtete Massage.

… 50 Minuten gieriges Bestaunen des Alabasterkörpers.

… 40 Minuten Einbringen von schmutzigen Worten und Ideen, was man alles mit ihr machen würde, wenn man nur könnte.

Heiße Phase (für Männer ist das endlich Sex)

… die kurze Phase des Andockens – drei Minuten.

Nachspiel (für Männer ist das ein Martyrium)

… 50 Minuten flötende Komplimente, wie toll es war.

… 40 Minuten glücklich gurrendes Nachkuscheln.

… stundenlanges Warten, bis auch sie eingeschlafen ist.

… drei Tage danach extrem nett behandelt werden.

Heiratsantrag

Was soll denn dieses ganze Theater immerzu? Warum kann man sich nicht verlieben, verloben, einfach heiraten und Kinder kriegen? Am besten in dieser Reihenfolge, und alle leben glücklich und zufrieden bis an ihr Lebensende.

Warum ist es so schwer, den Männern ein (das müsst ihr zugeben, Jungs!) klitzekleines »Ja« zwischen den Kiemen zu entlocken? Sind Männer keine Romantiker? Ganz offensichtlich, denn es fällt ihnen ja schon unglaublich schwer, die drei berühmtesten kleinen Wörter zu sagen: »Ich liebe dich«.

Aber einem Mann einen Heiratsantrag zu entlocken, kommt einer Doppel-Doktor-Arbeit in Psychologie gleich – wobei diese auf Dauer gesehen (besonders, wenn nach der Scheidung ein Job gesucht wird) Erfolg versprechender ist. Was soll denn eigentlich so schlimm daran sein, den geliebten Menschen zu bejahen? »Ja« zu sagen, zu allem, was ihn oder sie ausmacht? Ein »Ja« als Bekenntnis der Zusammengehörigkeit vor versammelten Menschen? Befürchten Männer nach der Hochzeit die vollständige Verwandlung der Frau in eine Furie? Glauben sie, dass sie nun höllengleiche Zustände erwarten, inklusive Zwangsarbeit im Haushalt? Oder sie müssten ihr Dasein neuerdings in einem zur Folterkammer ausgebauten Keller fristen? Haben sie unbändige Angst davor, sich falsch entschieden zu haben und zwei Wochen nach der Hochzeit der Frau fürs Leben zu begegnen? Brodelt tief im Inneren ein Gefühl, dass das doch noch nicht

Heiratsantrag

Jetzt mal Hand aufs Herz! Warum heiraten Männer:

- Weil der Sex mit ihr supergut ist.
- Weil man nicht so gerne alleine ist.
- Weil alle anderen sagen, dass sie eine granatenmäßige Bombe sei.
- Weil sogar andere Frauen auf ihr Aussehen neidisch sind.
- Weil man mit dieser Frau an Ansehen gewinnt.
- Weil der Sex mit ihr supergut ist. (Hatten wir schon? Ja, aber das zählt doppelt.)
- Weil allen Typen die Kinnlade herunterfällt, wenn sie sie sehen.
- Weil endlich mal jemand aufräumt.
- Weil alles, was bisher Muttern gemacht hat, nahtlos übernommen wird.

Diesen wundervollen Rundumservice gilt es durch einen langfristigen Vertrag zu sichern. Denn wenn die anderen herausfinden, welch großartiges Dienstleistungssystem man zu Hause hat, wollen sie die gute Kraft sicherlich abwerben. Gut aussehende Headhunter gibt es schließlich genügend in der Stadt. Andererseits ist ein solcher Vertrag nicht so leicht und nur mit großem finanziellem Aufwand zu kündigen. Also zögert man das Heiraten noch etwas hinaus. All das sagt man natürlich nicht, man verpackt es für Frauen am besten in drei Worte: »Ich liebe dich.« Dies hat für einige Zeit genügend Bindungskraft.

Aber nach einer Weile reichen diese Worte einer Frau nicht mehr. Sie will ebenfalls einen Vertrag, sie nennt es nur anders. Und genau hier entsteht das große Dilemma.

alles gewesen sein kann? Heiraten ist für uns Frauen eine bindende Zusage. Denn wir sehnen uns nur danach, dass der Mann sich zu uns bekennt! Zu *uns,* nicht zu irgendeiner, wir wollen wenigstens die Illusion haben, dass es *einen* Menschen auf der weiten, weiten Welt gibt, für den wir einzigartig sind und der uns so liebt, wie wir sind. Heiraten ist für uns nichts Altmodisches, sondern ein sehr zeitgemäßes Commitment, in einer Welt, die sich zu nichts mehr bekennen will.

In hartnäckigen Fällen von Heiratsallergie hilft nur Taktik und Fingerspitzengefühl (nein, nicht was Sie jetzt denken!), um das schwarze Schaf auf den richtigen Weg zu bringen. Erst gilt es aber, das Unterbewusstsein auf die Möglichkeit des Heiratens überhaupt zu programmieren. Die Prägung des Unterbewusstseins durch Bilder ist dank der Werbebranche oft sehr erfolgreich. Diesen Schritt kann man mit einschlägigen, romantischen Filmen wie »Pretty Woman« oder »Schlaflos in Seattle« einleiten, wobei man im Kino aufpassen muss, dass das erwähnte Schaf nicht selbst anfängt, Schäfchen zu zählen. Wenn nach dieser Erstprogrammierung einige Zeit verstrichen ist, sollte man die Taktik modifizieren und ihn zu jedem Anlass durch die Stadt schleifen und verträumt an den Schaufenstern der Juweliergeschäfte stehen bleiben, die eine große Auswahl an Eheringen in der Auslage haben. Sie könnten bereits jetzt folgenden Dialog auswendig lernen – individuelle Änderungen, wie z.B. ein anderer Kosename, sind erlaubt:

Frau: »Schau mal, Schatz, meinst du nicht auch, die würden uns gut stehen?« (*Zugegeben, etwas sehr direkt formuliert.*)

Schatz bemerkt den Wink mit dem Zaunpfahl aber nicht und antwortet:

Mann: »Die Ringe sehen ja beide gleich aus.«

Der Mann weiß, dass die Frau bei vertraglicher Absicherung mit ihren Leistungen rasch nachlassen wird. Ihr fehlt dann einfach die Motivation.

Die Frau weiß, dass sie das vorgelegte Tempo nicht mehr lange durchhalten kann – vor allem der häufige Sex geht ihr langsam auf die Nerven. Deswegen versucht sie so rasch wie möglich, den Mann zu einer Unterschrift zu bewegen.

Und da Frauen entgegen landläufiger Meinung durchaus hoch entwickelte Wesen sind, mit einer präzis ausmodulierten Intelligenz, intensivieren sie für kurze Zeit ihre Leistung – das ist die Zeit, wo es Sex bis zum Abwinken gibt –, um dann die emotionale Schraube anzusetzen.

Männer merken anfangs gar nicht, dass sie sich bereits in den Vertragsverhandlungen befinden. Und doch macht sich da eine kleine Sorge breit, eine undefinierbare Angst.

Alles ist wundervoll, außergewöhnlich, und dennoch sieht man, dass sie auch mit anderen Männern redet. Und wie sie dabei lächelt. Das ist der symbolische Moment, wo einem das unterschriftsreife Papier fast schon unter die Nase geschoben wird. Nein, Eifersucht entsteht keine, eher eine Euphorie, weil die Leistungen nochmals hochgeschraubt werden. Die Frau zeigt, dass sie auch noch andere Berufe perfekt ausfüllen kann. Vor allem die Rolle des Vamp wird kurz vor Vorlegung des Dokumentes gerne dargeboten, um einem dann engelsgleich die Eltern vorzustellen, die immer wieder betonen, wie viele andere Optionen ihre Tochter doch gehabt hätte. Innerlich hat man schon den Füller zurechtgelegt.

Da diese Anstrengungen aber immer noch nicht zum gewünschten Ergebnis führten, greift die Frau zum Äußersten. Plötzlich gibt es jemanden, der sich ebenfalls für sie interessiert. Wie aus dem Nichts wurde er an Land geschwemmt. Gut aussehend, wohlhabend und als Konkurrent durchaus ernst zu nehmen. Die Frau will natürlich

Frau: »Aber das ist doch der Sinn, *Schatz*, dadurch zeigt man, wie sehr man miteinander verbunden ist!«

Mann: (*wittert den Braten und antwortet mit belegter Stimme*) »Ich brauche kein äußeres Zeichen meiner inneren Verbundenheit zu dir.« *Räusper, räusper*.

Peng, damit ist das Thema erst mal für längere Zeit vom Tisch. Nach einer angemessenen Zeitspanne, in der man annimmt, dass der Vorfall vergessen sein könnte, also etwa eine Woche später, kann man es ja aus einer anderen Ecke heraus versuchen. Sie sollten von nun an mit glasigen Augen Hochzeitsmagazine durchblättern, die aufgeschlagenen Lieblingsseiten wie zufällig in der Wohnung herumliegen lassen und bei jeder unpassenden Gelegenheit erzählen, wer aus dem engeren Umfeld bereits geheiratet hat. (Mit dem Wort »heiraten« darf man allerdings nicht inflationär umgehen, sonst ist es zu offensichtlich.) Sie könnten auch frisch verheiratete Freundinnen einladen und diese lang und breit (ohne ein einziges Detail auszusparen) erzählen lassen , wie wundervoll die Hochzeit war und wie sehr dieses romantische Ritual die Liebe zueinander gefestigt und intensiviert hat.

Aber auch dagegen zeigt sich der Angebetete immun? Spürt er denn nicht, dass wir uns nichts sehnlicher wünschen als eine romantische kleine Feier mit circa 200 Freunden in einem Schloss und einem Feuerwerk als krönendem Abschluss? In der Hochzeitsnacht wäre man zwar zu müde, um die Ehe zu vollziehen, aber man hat ja noch einen Bonus von den Monaten zuvor. Glücklich mit der dreistöckigen Hochzeitstorte voll gestopft und mit heulenden Schwiegereltern um sich herum, die sich jetzt definitiv bewusst sind, dass sie zur allgemeinen Verwandtschaft gehören nichts von ihm. Im Gegenteil, nun spielt sie die Trumpfkarte »leidenschaftliche Treue in Verbindung mit höchster Hingabe« aus.

Spätestens jetzt weiß man, was man verlieren würde. In Gedanken hat man schon den Füller aufgeschraubt. Aber nun – zur völligen Überraschung – kann man nicht mehr so einfach unterzeichnen. Auf einmal gelten andere Spielregeln. Und die heißen: Wenn du mich wirklich willst, umwirb mich, erobere mich, gib mir einen guten Grund, »Ja« zu sagen.

Zeitlich perfekt gewählt – ich habe, glaube ich, schon erwähnt, dass Frauen sehr intelligent sind –, geht die Frau nun mit einer Freundin oder ihren Eltern auf einen Segeltörn oder eine Himalajabesteigung, natürlich ohne Handy, weil es dort keinen Empfang gibt, und man spürt mit einem Mal, wie sehr man sie vermissen würde, wenn sie ihr Zielgebiet woandershin verlagern würde.

Ohne sicheren Kontakt zu seiner Vertragsperson macht sich beim Mann in diesen Momenten Panik breit. Die Großhirnrinde sendet höchste Gefahrenstufe, die Gehirnflüssigkeit verliert an Druck, die Augenlider beginnen zu zucken und erste Schlafstörungen setzen ein.

Das Leben entgleitet einem. Und plötzlich ertappt man sich, wie man in Gedanken tatsächlich alle Peinlichkeiten durchspielt. Auf den Knien im Lokal, ein Ring in einer TV-Show dargeboten, ein Flugzeug, das die berühmten Worte in den Himmel schreibt, eine Ansage im Fußballstadion vor 60 000 begeistert klatschenden Menschen, unter Wasser im Tauchanzug, am Strand einer einsamen Insel bei einem Candlelightdinner, und nichts von alledem ist gut genug. Romantik pur, Ritual hoch zehn, ein unvergesslicher Moment fürs Leben muss es sein. Voll im Fahrwasser der Frau ist man eingegrooved. Man spürt nur noch eins. Die Liebe, die einem durch alle Poren rinnt. Emotionen, Leidensfähigkeit, man will an nichts anderes mehr den-

(vielleicht heulen die deswegen?), und all die schönen sinnlosen Geschenke – diese elementare Erfahrung sollte an einem vorbeirauschen?

Nein! Wir gehören nicht zu diesen Frauen, welche einen bindungsunfähigen Peter Pan erwischt haben, wir sind Schneewittchen oder Dornröschen (egal) und wir wünschen uns einen Prinzen oder Ritter (egal – nur keinen Zwerg) und wollen ein verheiratetes Mädchen sein. Jawohl!

Also geht man zu Plan B über. Falls das Objekt der Begierde zu schüchtern ist, sollte man ernsthaft überlegen, selbst die Initiative zu ergreifen.

Das Repertoire kennt jeder: Dinner bei Kerzenlicht, sanfte Musik, ein betörendes, aphrodisierendes Parfum aufgelegt, Dessous, die wie zufällig hervorblitzen, und ein paar verstreute Rosenblätter auf dem Tisch als Dekoration. Ein verführerischer Augenaufschlag beim Einschenken des Champagners soll ihn bereits in hingebungsvolle Laune versetzen. Während man knutschend auf seinem Schoß sitzt, hält man inne, schaut ihm tief in die Augen (wenn man mag, kann man auch seinen Kopf festhalten, er wird sich wehren, aber – egal) und haucht einen (kurzen) Text, wie: »Ich liebe dich so sehr, ich habe das Gefühl, wir sind füreinander geschaffen. Willst du mich heiraten?«

Den tränenreichen Blick hält man tapfer so lange direkt in seine Augen gerichtet, bis er »Ja« sagt und sein Gesicht am Hals der Zukünftigen vergräbt.

Mission beendet.

P.S. Sollte diese Offensive nicht funktioniert haben und gesetzten Falles, Sie wollen diesen Kerl immer noch heiraten, dann schleppen Sie ihn zum Steuerberater, der ihm die steuerlichen Vorteile einer Ehe erörtert.

ken, das Objekt der Begierde ist begehrenswerter denn je, das wundervollste Wesen auf der ganzen Welt. Und plötzlich haben die drei Worte eine tiefe Bedeutung. Man kann es regelrecht spüren. »Ja. Ich liebe dich.« Sie erinnern sich: Frauen sind sehr intelligent.

Aber natürlich gibt es kein Flugzeug, keinen Strand mit einem gemalten Herzen, keine TV-Show, man macht das, was Millionen andere bereits vor einem gemacht haben. Man wirft sich in Schale, also in seinen einzigen Anzug, kauft Blumen, die einem ein schwuler Blumenhändler aufquatscht, beginnt zu schwitzen, spürt das Herz bereits an der Halsschlagader, kommt sich völlig lächerlich vor, nimmt ihre Hände, lässt sie den Ernst der Lage spüren und hat tierische Angst, sie könnte in letzter Sekunde doch noch einen Rückzieher machen. Sie lächelt bereits, lange bevor die Frage gestellt wird, im tiefen Wissen, dass sie den Mann endlich genügend weich geklopft hat, und wirft sich Sekunden später weinend, als hätte sie nie damit gerechnet, an seinen Hals.

Natürlich sagt sie »Ja«, sonst hätte sie doch lange vorher das Weite gesucht, ihn sofort von den Knien hochgezogen oder am Sprechen gehindert. Natürlich sagt sie »Ja«, sonst hätte sich der monatelange Einsatz doch nicht gelohnt. Natürlich sagt sie »Ja«, schließlich hat sie diesen Kniefall doch bereits wochenlang mit ihren Freundinnen durchdiskutiert, aber – obwohl sie ihre Antwort schon lange kennt – sie will jeden Moment seines Stammelns auskosten, jedes Wort für die Ewigkeit aufsaugen, weil sie weiß, dass sie diesen Mann nie wieder so hilflos erleben wird. Natürlich sagt sie »Ja«. Und beide sind glücklich. Nicht ganz. Denn nun bekommt man die nächsten 20 Jahre zu hören, dass man nicht einmal einen ordentlichen Heiratsantrag hinbekommen hätte und sie eigentlich noch immer darauf warten würde, dass er endlich stattfindet.

So viel zur weiblichen Logik.

Baby

Endlich hat man sich nach nächtelangen Diskussionen entschlossen, eine Familie zu gründen, und schon stellt ein winziges »Sperma auf Reisen« alles auf den Kopf! Wenn man das Glück hat, ein beständiges Exemplar von Mann erwischt zu haben, für den das Kinderkriegen nicht mit der Empfängnis endet, dann erwarten einen von nun an jeden Tag neue Abenteuer. Die werdenden jungen Eltern müssen sich für den Ansturm der neuen Verantwortung wappnen.

Diese massiven Veränderungen machen sich natürlich auch körperlich bemerkbar. Der Bauch wächst und wächst und wächst, bald passt Schatz die Hose nicht mehr, er muss sich eine mit Gummizug zulegen. Während man selbst aussieht, als würde man eine überdimensionale Tenniskugel zur Welt bringen, bringt Schatz regelmäßig mehr und mehr Kilos auf die Waage. Männer sind natürlich viel schwangerer als Frauen und so muss man für sie Kakao kochen, Kartoffelpüree stampfen und Buchweizen-Crêpes machen. Seltsame Gelüste nach Grießbrei mit Kirschkompott wecken in Schatz die Erinnerung an die eigene Kindheit – wie rührend!

In Ernährungsfragen hat man plötzlich nichts mehr zu sagen, denn alles wird nur noch nach einer Mineralien- und Vitamin-Tabelle eingekauft. Vollwert-Ernährung ist urplötzlich das Mittel der Wahl! Und um keine Lebenszeit zu vergeuden, wird nun auf Vorrat gekauft.

Da aber die Menge, welche mindestens für die ersten

Baby

»Rate mal, was ich heute erfahren habe?«

Wie fast alles bei Frauen, so beginnt auch die Schwangerschaft mit einem Ratespiel. Da Ratespiele aber meist nichts Gutes bedeuten, kramt man natürlich zunächst alles Negative in seiner Erinnerung hervor, alle Verfehlungen der letzten zwölf Stunden werden im Zeitraffer in Gedanken durchgegangen und man hofft, dass sie doch wohl hoffentlich nichts von alledem erfahren hat.

»Da wirst du nicht draufkommen«, strahlt sie mit roten Wangen.

Na super, wenn man nicht draufkommen kann, warum soll man dann raten?

»Es hat geklappt, Schatz. Volltreffer!«

Auf das Schlimmste vorbereitet, sieht man natürlich zunächst im ganzen Haus nach, was denn nun kaputtgegangen sei.

»Nein Schatz, die Ladung ist angekommen.«

Der Briefkasten ist leer, kein Päckchen im Haus, aber sie freut sich so, dass man instinktiv weiß, dass man sich jetzt besser mitfreuen sollte.

Um es gleich vorwegzunehmen: Für Frauen dauert die Schwangerschaft neun Monate, für Männer gefühlte neun Jahre. Denn bereits zwei Tage nach dem erfolgreichen Anpinkeln von 16 Teststreifen – nur um sicherzugehen-, geht die Frau – natürlich mit dem künftigen Vater – erst mal shoppen. Fürs Kinderzimmer. Und da das Geschlecht in der dritten Woche noch nicht feststeht, wird sicherheitshalber alles in zwei Farben gekauft.

Darüber hinaus dürfen Männer von diesem Tag an artig

sechs Lebensjahre gebraucht wird (»bis zur Einschulung sollte es schon reichen«), so leider nicht in den Keller passt, braucht es natürlich erst einmal Regale zum Lagern.

Der Samstag wird zum »Ikea-Tag« und der ADAC-Hubschrauber meldet regelmäßig Staus an der Ausfahrt zum schwedischen Möbelparadies.

Alles läuft nach Plan. Bevor das Kinderzimmer überhaupt angedacht wird, wird schon mal ein Lager für die Lebensmittel fertig gestellt. Verschiedene Hightech-Küchengeräte werden angeschafft, unter anderem findet eine Getreide-Mühle ein neues Zuhause (natürlich die beste und teuerste!), um die Mineralien und Vitamine nicht durch eine zu lange Bekanntschaft mit der Außenluft zu ruinieren. Alle bereits vorhandenen technischen Haushaltsgeräte werden auf Herz und Nieren geprüft: Der Staubsauger kann nur noch als Anti-Allergie-Wunder überleben, und mit allen anderen Geräten schafft man es nicht mehr, in die Steckdosen zu kommen, weil schon Monate vorher überall diese praktischen Kinder-Schutz-Clips angebracht wurden. Als die *echte* Schwangere mal Lust auf Erdbeeren mit Schlagsahne hat, bleibt die Sahne flüssig, weil keiner mehr den elektrischen Schneebesen in die Steckdose bringt.

Und erst die Geburtsvorbereitungskurse! Wenn man es schafft, Schatz mitzuschleifen, hält er sich nicht bescheiden im Hintergrund, nein, er streckt seinen Bärenbauch stolz in die Luft und atmet, hechelt, stöhnt, wickelt der Puppe die Windel bis zum Hals und fragt kompetente Fragen wie: »Darf man in der Schlussphase der Schwangerschaft noch Sex haben?«.

Während man selbst so tut, als ob man *ohne* Mann zum Kurs gekommen wäre, lässt Schatz nicht locker:

Atemübungskurse besuchen, Beckenbodenübungen mit verrichten, mit verschämt rotem Kopf in Übungsgruppen Puppen waschen und wickeln und LKW-Ladungen an sauren Gurken und Vanillereis herankarren, über einen immer dicker werdenden Bauch streicheln, Gefühlsausbrüche über sich ergehen lassen, gewaltige Brüste anstarren – *so können die Dinger auch aussehen, wow!* –, Krankenhäuser für natürliche Geburten testen, beim Frauenarzt auf seltsame Monitore schielen und all das stets mit einem glückerfülltem Lächeln. Und wenn man auch nur einmal einen dieser tausend Termine auslässt, bekommt man sofort zu hören: »Es ist auch dein Kind, Schatz!«

Allein bis ein passender Name gefunden ist, wird man pro Nacht locker sechzehn- bis achtzehnmal geweckt, und jedes Mal mit einem leisen Aufschrei der Freude, als hätte Schatzi gerade eben die höchste Einweihung erfahren.

Um es kurz zu machen: Ab einem gewissen Punkt gieren beide nur noch auf den Termin, weil sie es vor lauter »Vorfreude« nicht mehr aushalten.

Aber bis es so weit ist, fährt man garantiert ein Dutzend Mal – natürlich immer mitten in der Nacht und bei Vollmond – in größter Hektik und Panik vergebens ins Krankenhaus und darf erfahren, dass der Muttermund noch völlig geschlossen sei.

Allzeit bereit, der Koffer ist seit Wochen gepackt, überhört man beim siebzigsten Mal ihre »Ich glaube, jetzt ist es so weit«- Sätze, und dreht sich schlaftrunken auf die andere Seite. Aber natürlich, genau dann ist es so weit.

Natürlich müssen Männer bei der Geburt des Kindes mit dabei sein. Sie haben ja schließlich auch zugesehen, wie es reingekommen ist, da sollen sie gefälligst auch zusehen, wie es wieder rauskommt.

Früher durften Männer währenddessen saufen und rauchen – eben das, was Männer gerne machen – und sich im Warteraum Witze erzählen. Heute müssen sie

»Was ist, wenn man durch den Orgasmus vorzeitig Wehen auslöst?«

Die *echte* Schwangere wechselt die Gesichtsfarbe im Sekundentakt und schwört: Das nächste Mal ist der Kurs garantiert »männerfrei«!

Wenn dann eines Nachts völlig unvorbereitet die Wehen anfangen, schläft Schatz den ägyptischen Mumienschlaf. Rütteln, schütteln und auch der Satz der Sätze: »Schatz, ich glaube, es geht los«, bringen nur ein gemurmeltes: »Dann geh aufs Klo« hervor. »Neiiin, du verstehst mich nicht!!! Die Wehen haben angefangen, wir müssen ins Krankenhaus!!«

Zorro springt mit einem Satz aus dem Bett, hängt sich seinen schwarzen Mantel um, springt in den High-tech-Speed-Pimp-my-Ride-Wagen und düst los. Leider hat er nicht bemerkt, dass er ohne seine stöhnende Fracht losgefahren ist. Egal, auf solche Kleinigkeiten kann man nicht achten, quietschend wird vor der Haustür Staub aufgewirbelt und diesmal die wimmernde Beute mit eingeladen. Der schon vor Monaten mit aller Sorgfalt gepackte Koffer für die ersten Tage im Krankenhaus wird natürlich im Gang vergessen. Ignoriert wird auch die Geschwindigkeitsbeschränkung. Das erste Foto der historischen Stunde bekommt die Polizei zu sehen. Im Krankenhaus angekommen, lässt *Zorro* keinen Zweifel daran, das *sein* Kind gerade zur Welt kommt und alle anderen, in den Wehen befindlichen Frauen sich bitte unverzüglich zum Ausgang bewegen sollen. Während das Krankenhauspersonal damit beschäftigt ist, die Frauenwanderung aufzuhalten, wird das Gebärzimmer gestürmt und in Beschlag genommen. Die herbeigeeilte Hebamme wird instruiert und der Arzt eingeteilt. Während man selbst sich vorkommt mitmachen. Sie wissen schon, pressen und pusten und Rückenkraulen, ins Entspannungsbad setzen und: »Du schaffst es, du schaffst es« rufen, wobei sie gar nicht sicher sind, ob sie die ganze Prozedur auch selber gesund überstehen.

Hat man diese ersten neun Monate halbwegs lebend überstanden und glaubt jetzt, endlich mal so richtig durchschlafen zu dürfen, wird man jetzt nicht mehr geweckt, weil man schnarcht, sondern weil das Kind einen Pups gelassen hat und irgendwelche Flaschen mitten in der Nacht aufgewärmt werden müssen.

Von nun an fährt man also nächtelang mit einem quietschvergnügten Vier-Kilo-Wesen um den Häuserblock, weil es nur im Auto gut schlafen kann, und föhnt glücksbeseelt in schlaftrunkener Trance einen winzig kleinen Bauch, weil das surrende Geräusch das Kind selig schlummern lässt.

Aber dies ist nicht weiter schlimm, denn der beste Platz im Bett ist von nun an sowieso vergeben. An den Brüsten hängt jetzt jemand anderes rum und jeder zweite Satz lautet. »Nicht, Schatz, das Baby könnte was merken.« »Nicht!! – wenn es aufwacht.« Oder: »Dass du jetzt an so was denken kannst, wo ein unschuldiges Kind neben dir liegt.«

Am Morgen dann, nach zwanzig Minuten Kurzschlaf, ist man überglücklich, wenn der kleine süße Fratz einem die Krawatte vollsabbert, weil er endlich sein Bäuerchen gemacht hat.

Frisch gebackene Eltern erleben eben die skurrilsten Momente. Einer davon ist zum Beispiel das berühmte Windelwechseln. Hier findet für lange Zeit der ewig wiederholende Ich-riech-nichts-Taubstellungs-Kampf statt. Der Verlierer weiß schließlich, was ihn erwartet.

Er darf eine seltsam kochende Masse mit spitzen Fingern aufwischen und – während er glaubt, jeden Moment ohnmächtig zu werden – in grinsende Babysprache verfal-

wie eine röhrende Hirschkuh, unterhält sich Schatz angeregt mit dem Arzt, macht Verbesserungsvorschläge zur Einrichtung des Krankenhauses und fragt nach der regelmäßigen Wartung der technischen Geräte. Zwischen zwei Wehen schafft man es gerade noch, ihn davon abzuhalten, sich die TÜV-Plaketten anzusehen.

Als die frisch gebackenen Eltern das kleine Wunder endlich im Arm halten und viele Tränen der Rührung verdrückt worden sind, bemerkt man schmerzlich den vergessenen Koffer. Kein Problem für den Vater des neuen Weltwunders! Er rast in die nächste Boutique, kauft diese leer und wundert sich, dass alles zu groß ist. Mit ein paar geliehenen Sachen vom Krankenhaus machen sich die glücklichen Eltern auf den Weg in das renovierte Zuhause und sind erst mal selig.

Dort angekommen wird die neu gekaufte Videokamera ausgepackt und alles, was das Baby macht oder nicht macht, für die Nachwelt festgehalten. Mama findet sich in der Küche wieder, wo sie dem von der Geburt erschöpften Papa einen Kaffee macht. Mit der dampfenden Tasse in der Hand steht sie im Türrahmen und sieht das kleine Wunder friedlich im Arm seines noch friedlicher schlafenden Papi schlummern. Eine Träne der Glückseligkeit plumpst in die Tasse und verwässert den Kaffee.

Nun sind die Nächte kurz und die Tage lang. Während Baby auf dem Arm von Papi immer *sofort* einschläft, wird von Mami ein lückenloses Entertainment-Programm erwartet. Füttern, kitzeln, vorsingen, baden und Windeln wechseln im Rotationsprinzip. Papa möchte sich auch nützlich machen und bietet sich tapfer an, die Windeln zu wechseln. Entspannt sitzt Mama bei einer Tasse wohlverdienten Tees, als Würgelen und fragen: »Ja, was hat denn das süße Kleine da gemacht?«

Und so entsteht also – stetig sich wiederholend – folgende Situation: Der kleine Wonneproppen sabbert gut gelaunt durch die Wohnung und ein seltsam beißender Duft verletzt die feinen Tastkörper der Nase. Allen Beteiligten im Haus ist längst klar, was passiert ist, die Freunde haben fluchtartig die Wohnung verlassen, die Windel ist bereits aufgebläht und bis zum Platzen gefüllt, nur die Frau riecht anscheinend nichts.

Der normalerweise fein ausgeprägte Geruchssinn einer Frau, die schon den geringsten Hauch von einer anderen aufspürt, jedes Milligramm an Duft, das sich rein zufällig auf das Jackett oder T-Shirt gelegt hat, diese vorausschauende Wahrnehmung scheint sie nun völlig verloren zu haben. Da kann man sie hundert Mal darauf hinweisen, dass auch die Katzen bereits alle viere von sich gestreckt haben – die Frau bleibt ungerührt und seelenruhig.

Und erst dann, wenn sie absolut sichergehen kann, dass der Mann auch diesmal keinen Finger rührt, geschieht das Seltsamste, was man sich vorstellen kann. Die Windel ist nur noch eine wabernde Masse und läuft Gefahr, in Kürze die ganze Wohnung zu kontaminieren, und was macht die Frau? Sie hebt das nun 17 Kilo schwerer gewordene Kind hoch und legt ihre Nase auf die 6000 Celsius Grad heiße Windel.

Hallo. Ich meine, die Fensterscheiben sind bereits beschlagen, die Tapeten lösen sich von den Wänden, man hat den Appetit für Wochen verloren und die gute Frau geräusche ans Ohr und ins Bewusstsein drängen: »Das stinkt ja unglaublich!! Wie kann so ein kleines Kind so viel scheißen?«, ruft eine gequälte Stimme aus dem Wickelzimmer.

Papa steht mit Gasmaske im Türrahmen, hält die prall gefüllte Windel weit von sich gestreckt und unterdrückt einen heftigen Würgereiz. (Sind Männer eigentlich geruchsempfindlicher als Frauen?)

Männer hören auch definitiv schlechter als Frauen, besonders nachts, wenn das Baby Durst hat. Während Frauen neuerdings bei jedem Geräusch ein wildes Tier vermuten, welches das frisch geborene Baby in den Dschungel entführen will, schnarcht der Jäger und Sammler weiterhin friedlich vor sich hin, um am nächsten Morgen vor Kraft strotzend aufzustehen, ein frisch gewickeltes, glucksendes Baby präsentiert zu bekommen und seiner Frau mit den Worten: »Na, hast du gut geschlafen?« einen Kuss auf den Mund zu geben. »Ja, klar«, antwortet sie, überwältigt von so viel Mitgefühl, und ist glücklich und zufrieden, dass sie einen Mann erwischt hat, der alles für die Familie tut, bis auf Windeln wechseln und nachts aufstehen vielleicht – aber das lässt sich verschmerzen.

legt ihre Nase, als wäre dies das Normalste, was man von ihr erwarten würde, auf die verseuchte Stelle und atmet mal so richtig durch. Und weil ihr das noch nicht reicht, lupft sie auch noch den straffen Gummizug und schaut prüfend hinein, ob es vielleicht doch nicht nur ein Pup gewesen sein könnte.

Ist das die gleiche Frau, die noch vor wenigen Tagen, nachdem man *zufällig* ein anderes weibliches Wesen im Auto mitgenommen hat, sofort beim Betreten der Wohnung erstaunt an einem gerochen und misstrauisch gefragt hat: »Nach was riechst du denn? Wen hast du getroffen?«

Ja, das ist die gleiche Frau, die gleiche wundervolle Frau, die einen als Vater ihres Kindes auserkoren hat. Zum Glück, denn wenn die Süße einem dieses kleine Wesen frisch gewickelt in die Arme legt und es einen anlächelt, dann trifft einen ein Glücksgefühl, dass man vor Gerührtheit weinen könnte. Ja, auch Männer weinen. Weil es nichts Wundervolleres gibt als diesen kleinen Scheißer durch die Wohnung zu tragen. In solchen Momenten nimmt man sich jedenfalls vor, das nächste Mal garantiert die Windel zu wechseln. Aber wie wir alle wissen, haben Männer in solchen Dingen ein schwaches Gedächtnis.

Kochen

Was ist jetzt eigentlich los? Ist Kochen nun eine Domäne der Frauen oder der Männer?

Wenn man sich die Sterneköche ansieht, die ihre Sterne bis aufs Blut verteidigen, oder das Duell der Fernsehköche verfolgt, dann könnte man meinen: Männer sind in der Küche geboren!

Was soll dann dieses ganze Gelabere von »Frauen gehören in die Küche«? – Die Männer lassen uns ja nicht!!!

Die ganze Woche über dürfen wir uns abrackern, uns die Gehirnzellen ruinieren auf der Suche nach leckeren neuen Speisen, um das Gemaule nicht ständig hören zu müssen: »Schon wieder gefüllte Paprika.« Aber kaum kommen Freunde zu Besuch, gehören Frauen nicht mehr in die Küche – vielleicht noch bestenfalls als Kartoffelschäler.

Der Mann (oder besser »Künstler«) bereitet zu diesem Anlass ein ausgeklügeltes Fünf-Gänge-Menü vor, und die Frau darf gnädigerweise Hilfsarbeiten übernehmen. Das »gemeinsame Kochen« gewinnt an ganz besonderer Intensität, wenn man nur hört: »Wo ist denn der Schneebesen, Schatz?«, »Wo ist das Wiegemesser?« Innere, hasserfüllte Monologe wie: »Hättest du die Wochentage über auch mal mitgeholfen, dann müsste ich dir den Inhalt unserer Küchenschränke nicht erklären«, werden über die Yoga-Atmung ins ätherische Niemandsland geschickt.

So sitzt die Frau nun – ausgelagert – am Gemüse-

Kochen

Von Zeit zu Zeit, meist dann, wenn es in der Partnerschaft so richtig gut läuft und man sich zufrieden zurücklehnt, bekommen Frauen gerne einen Rappel. Sie werden dann von einem völlig unnötigen und äußerst seltsamen Gerechtigkeitssinn überfallen, der nur ein Ziel verfolgt – den Mann einmal so richtig schlecht aussehen zu lassen. Und da Frauen sehr einfallsreich sind, kann das alles Mögliche sein. Zum Beispiel die überraschende Aufforderung zu kochen. Dabei entwickeln sich Frauen aber nicht etwa zu kleinen Motivationskünstlern, die mit guter Laune einen Mann zur Mithilfe animieren, etwa durch Einsatz von Dessous oder anderer stimulierender Dinge. Nein. Es geht gar nicht wirklich ums Kochen, sondern ums Prinzip.

Gerade deshalb suchen sie sich einen Zeitpunkt aus, wo man gerade arglos die müden Füße hochgelegt hat und froh ist, den ganzen Alltagstrubel hinter sich zu lassen. Die Fernsteuerung in der Hand, könnte der entspannte Teil des Tages beginnen … Aber genau dann überfallen sie einen mit Sätzen wie: »Sitzt du bequem?« Am besten ist es, erst mal gar nichts zu antworten und in Todesstarre zu verharren, bis sie mit dem rausrückt, was in ihrem hübschen Kopf *eigentlich* vorgeht. Klar sind zu diesem Zeitpunkt jedoch schon drei Dinge: Man hat einen Fehler gemacht. Man wird hier nicht mehr lange sitzen. Und man wird es jeden Moment um die Ohren geknallt bekommen.

»Du könntest auch mal kochen!«, lautet die heutige gemeinsame Freizeitgestaltung.

Schnipsel-Tisch und fühlt sich wie bei »Wetten, dass?« mit der Aufgabe betraut: »Wie viele Küchengeräte können Sie innerhalb von drei Minuten aus 30 verschiedenen Küchenschränken aus Ihrem Gedächtnis aufsagen?« Bevor genügend Ehrgeiz entwickelt worden ist, um als Wettkönigin in die Geschichte einzugehen, werden von Bocuse alle Küchenschränke einfach aufgerissen, die blinkenden Geräte aus Chrom und Aluminium nackt und bloß dem prüfenden Drei-Sterne-Koch-Auge ausgesetzt, welcher lediglich von sich gibt: »Genau das, was ich dringend bräuchte, haben wir natürlich *nicht* im Haus.«

Als lösungsorientierte Frau zaubert sie ein entsprechendes Küchengerät aus der hintersten Ecke einer Schublade hervor, welches dann doch noch vor des Meisters Auge Gnade findet. Das Arbeitstempo wird durch knappe Zurufe langsam, aber sicher gesteigert. »Wann sind die Zwiebeln endlich fertig?«, »Ich brauche noch Knoblauch – aber gewürfelt, nicht gepresst«, »Wo um Himmels willen ist der Mörser?«, »Hast du frische Petersilie gekauft?«, »Ich wollte *Blatt*-Petersilie, nicht *gekräuselte* Petersilie!«

Frau: »Dann hättest *du* einkaufen gehen sollen!«

Mann: »Dazu hatte ich keine Zeit, ich musste alles vorbereiten!«

Frau: »WAS denn?? Du weißt ja nicht einmal, WO alles ist!!

Um die Gäste nicht durch Schaum vor dem Mund zu irritieren (es könnte ja was im Essen versteckt gewesen sein, was der Gesundheit abträglich ist), wird der Ärger heruntergeschluckt (ein Glas Prosecco ist da ganz hilfreich) und schweigend weitergearbeitet. Man kann ja auch mit Blicken seinen Missmut ausdrücken ...

Auch mal bedeutet übrigens nicht morgen oder nächste Woche, *auch mal* heißt: »Heute, jetzt, auf der Stelle.«

Nun wäre Kochen an sich überhaupt kein Thema für Männer. Ein paar Nudeln in den Topf, die Soße aus dem Glas ist sowieso die beste und alle wären glücklich und könnten sich wieder wichtigen Dingen zuwenden.

Nicht jedoch wenn man *auch mal* kochen soll. Denn *auch mal* bedeutet, dass man alles kochen darf außer Nudeln, Pommes frites, Fertiggerichte oder was vielleicht sonst noch so einfach hervorzuzaubern wäre. Frauen erwarten dann mindestens ein Zweiundzwanzig-Gänge-Menü. Aber auch das ist nur die halbe Wahrheit. Denn eigentlich erwarten Frauen, dass man bereits beim ersten Gang kapituliert, weinend vor dem Herd zusammenbricht, sie um Gnade anfleht und verspricht, ihr jeden Tag gebührende Hochachtung für ihre übermenschlichen Leistungen zu zollen.

Mittlerweile sind alle Herdplatten voll mit kochenden, überbrodelnden oder ständig zu rührenden Speisen, die natürlich »à la Minute« auf den Tisch kommen sollen. Während Frau mit allen ihr zur Verfügung stehenden Extremitäten rührt, abseiht und schwenkt, dekoriert Bocuse die Vorspeise auf den Tellern, um höchst entsetzt innezuhalten und kurz vor einem Ohnmachtsanfall leise röchelnd zu bemerken: »Wir haben zu wenig Minzeblätter.« Marie Curie indes, kurz vor ihrem zweiten Nobelpreis stehend, schreckt von ihrem Herd-Labor hoch und meint höchst radioaktiv: »Macht nichts, Schatz, dann hole ich eben noch welche, die Geschäfte haben noch auf«, bevor sie mit wehenden Haaren von dannen eilt, um ihre Schuldgefühle wegen der Petersilie und der Minzeblätter abzuarbeiten.

Als sie mit einem Büschel Minzeblätter – welches sie nach langem Suchen schließlich in einem Restaurant völlig überteuert erstanden hat, weil es in den fünf Supermärkten, in denen sie war, keine mehr gab – triumphierend die Küche betritt, empfängt sie Maestro mit den Worten: »Wo warst du so lange, alles muss ich alleine machen.« (Und ICH!!! Die ganze Woche über koche ich ALLEINE!!!) Da negative Gedanken Frauen sofort um Jahrzehnte älter aussehen lassen, bricht auch dieser innere Vulkanausbruch nicht nach außen aus, sondern implodiert leise. Während Maestro sich an die Tischdekoration macht, darf die Küchenmamsell versuchen, die einzelnen Speisen nicht verkochen, verbrutzeln oder vertrocknen zu lassen. Um die Laune zu heben, genehmigt sie sich ein weiteres Gläschen Prosecco. Im Übermut und völlig ausgehungert wagt sie es, mit den Fingern in die Salatschüssel zu greifen, ein Salatblatt zu falten und in den Mund zu schieben.

Aber Männer lügen nicht. Nicht in diesen Dingen. Für Männer ist Kochen die beste Umschreibung für Spaß haben. Das sehen sie schließlich täglich bei all den Fernsehköchen. Mit spielerischer Leichtigkeit zaubern diese Glück in die Gesichter ihrer Gäste, trinken Wein und unterhalten sich prächtig, während sie nebenbei kulinarische Raffinessen entstehen lassen.

Für Männer ist Kochen also entspannend, eine meditative Angelegenheit, bei der man zu sich selbst findet. Frauen finden beim Kochen nie zu sich selbst. Sie geraten meist außer sich. Für sie ist es ungerecht verteilte Arbeit und ein unerträglicher Akt von Selbstlosigkeit.

Von Zeit zu Zeit bleibt einem also nichts anderes übrig, als *auch mal* zu kochen.

Es dauert natürlich eine kleine Weile, bis man sich im Supermarkt zurechtgefunden hat. Die Chips und die *Salz*stangen würde man im Schlaf finden, aber *Vanille*stangen? Wie sehen die überhaupt aus? Und meist, wenn man alle Zutaten aus dem Kochbuch gefunden hat und sich bereits Berge im Einkaufswagen türmen, dann haben sie im Laden die letzte »Zutat« nicht. Zum Beispiel den Kürbis für die Kürbissuppe.

In solchen Momenten setzen Frauen gerne zum alles entscheidenden Schlag an.

Wenn einem bereits das ganze Gesicht zusammenfällt, die Wut einem bis zum Haaransatz steigt, man in Hoffnungslosigkeit versinkt, bekommt man mit einem süffisanten Singsang vor allen Leuten am Käsestand zu hören: »Das Gericht kannst du vergessen, mein Lieber. Das wird nichts.«

Also stellt man alle Zutaten für das geplante Gericht fein säuberlich zurück und hat ohne Kochbuch keine Alternative. Da kommt Freude auf.

Und dann, nur um zu beweisen, wie leicht ihr das alles

Die Strafe folgt auf dem Fuß:

»Finger weg, hol mir lieber die weißen Kerzen aus dem Keller.«

»Ja, Massa, gleich, Massa, sofort, Massa – darf ich die Fußfesseln dafür abnehmen?«

Der Esstisch sieht aus wie bei einem Foto-Shooting für »Schöner wohnen« – die Küche weniger. Sie sieht vielmehr aus wie nach dem Einfall der Heuschreckenplage: Sämtliche Küchenutensilien haben Verwendung gefunden und freuen sich zusammen mit den verklebten Töpfen und den besprenkelten Wänden auf eine Rundumerneuerung.

Ding, Dong! Ach du Schreck! Die Renovierung der gestressten Hausfrau in eine entspannte Gastgeberin hat noch nicht stattgefunden! Jetzt aber zack, zack, rauf ins Ankleidezimmer und rein in die Klamotten. Lippenstift auftragen und die Treppe herunterschweben sind eins: »Hallooo, wie schön, dass ihr da seid!«, zwitschert die erschöpfte Küchenhilfe und sehnt sich eigentlich danach, alles alleine zu essen und auf dem Sofa liegend einen Film zu gucken. Aber der Abend hat ja erst begonnen ...

Maestro erträgt die Huldigungen über sein gelungenes Menü mit Fassung. Die Gäste sind begeistert, stellen die richtigen Fragen nach der Herstellung aller Köstlichkeiten, und Bocuse ist in seinem Element und erklärt akribisch, wie er was gemacht hat.

Als später alle weg sind, freut sich die Küchenmamsell auf ein ruhiges Stündchen in ihrer alltäglichen Wirkungsstätte.

Nur sie allein und der Knopf zum Fluten ... denn in diesem Fall gehören Frauen selbstverständlich wieder in die Küche.

fällt – merkwürdig, wo ihr doch vorhin auf dem Sofa alles so schwer und mühselig erschien –, holt sie mit flinken Fingern andere, neue Zutaten aus dem Regal, um ein andalusisches Gericht mit einem unaussprechlichen Namen zu zaubern, und schickt einen zu den Gewürzen, wo man verzweifelte 20 Minuten verbringt, bis sie mit leichtem Griff aus der ersten Reihe das Gewünschte hervorzieht.

Und nun fällt garantiert der Satz, der einem für den ganzen Abend den Rest gibt: »Du kannst mir ja beim Kochen helfen. Das wirst du doch wohl noch hinkriegen.«

Gemeinsam zu kochen ist der ultimativste Härtetest für ein Paar. Wer diese Folter ohne Trennung übersteht, der kann auch gemeinsam in Urlaub fahren.

Wenn man mit Frauen kocht, darf man nämlich nur noch die niedersten Arbeiten ausführen. Man läuft, putzt, wäscht, schneidet die Dinge, die in den Augen und an den Fingern brennen, deckt den Tisch, trägt fünfmal den Biomüll raus und darf anschließend, da natürlich die ganze Chefkocharbeit nur Schatzi verrichtet hat, was sie auch siebenmal am Abend betont, auch noch aufräumen, während die Süße auf dem Sofa liegt, die Füße hochlegt, den Abend für gelungen hält und eine Fernsehschnulze ansieht.

Eigentlich gibt es nur eins, was Männer vor dieser Demütigung schützt: Alle vierzehn Tage freiwillig kochen und die Küche in dem Zustand einer Großbaustelle hinterlassen.

Wenn das nicht hilft, Freunde einladen und für alle kochen, bis auch die letzte Pfanne und der letzte Topf schmutzig sind, sich anschließend als bester Koch aller Zeiten rühmen lassen und androhen, ab jetzt häufiger für alle zu kochen.

Danach wird man die Küchentür garantiert für einige Zeit verschlossen vorfinden.

Reden

Wussten Sie, dass Frauen pro Tag zwischen 6000 und 8000 Wörter reden, 2000 und 3000 Tongeräusche zur Kommunikation verwenden und ein groß angelegtes Repertoire von 8000 bis 10 000 Gesichtsausdrücken, Kopfbewegungen und Gesten mit den Händen und anderen Körpersignalen benutzen? Dies sind summa summarum über 20 000 Informationen, welche ankommen wollen, leider aber oft einsam im Universum verhallen.

Können Sie sich vorstellen, in welchem Umfang ein Mann dagegen kommuniziert? Richtig geraten, er versinkt in einem armseligen Repertoire zwischen 2000 und 4000 Wörtern pro Tag, 1000 bis 2000 Tongeräuschen (um sich irgendwie bemerkbar zu machen), und auch die Menge an Körpersignalen lässt zu wünschen übrig: Es sind sage und schreibe zwischen 2000 bis 3000 pro Tag. Durchschnittlich sind das summa summarum nur 7 000 Informationen.

Was soll man dazu noch sagen? Von den 7000 Informationen, welche ein Mann von sich gibt, sind bestimmt mindestens 6888 darauf gerichtet, die Frau ins Bett zu bekommen. Je nachdem, ob es die eigene ist oder eine neue, variiert die Menge des eingesetzten Energieaufwandes.

Das bedeutet im Klartext, dass der Mann, wenn er erschöpft vom Jagen/Arbeit/Büro/Vorstandssitzung nach Hause kommt, seinen Vorrat an Wörtern bereits aufgebraucht hat und auf die wohlgemeinte Frage: »Na, wie war es im Büro, Schatz?«, nur: »Gut« mur-

Reden

Frauen beweisen manchmal einen untrüglichen Instinkt, wie sie Männer auf dem falschen Fuß erwischen können. Auf diesem Gebiet sind sie wahre Spezialisten. Sie suchen sich zum Beispiel als Freizeitbeschäftigung am liebsten das aus, was Männer garantiert nicht können. Zum Beispiel reden. Frauen möchten furchtbar gerne reden. Aber Männer sind nicht zum Reden gemacht.

Das wäre noch kein Grund zur Sorge, denn Frauen wollen *reden*, nicht *zuhören*. Genau genommen wollen sie zu 80 Prozent reden und zu 20 Prozent zuhören. Und diese 20 Prozent müssten doch noch zu schaffen sein. Auch von einem Mann. Denkt man. Aber selbst das ist nicht immer ganz so einfach. Frauen wollen nämlich nicht einfach nur zuhören wie wir Männer, sondern legen das Themenfeld genau fest. Und meist sind es Themen, die nichts mit Fußball oder Formel 1 zu tun haben. Dort könnten Männer bis zum Abwinken reden. Aber das will keine Frau hören. Frauen wollen über Dinge reden, bei denen ein Mann erst acht bis zwölf Mal schluckt, sich den Schweiß von der Stirn wischt und versucht, seinen ersten Schock zu überwinden.

Frauen fragen zum Beispiel furchtbar gern, wie es einem denn so in der Beziehung geht, und dann ist es ganz egal, ob gerade der Fernseher läuft, was er ja meist tut, Freunde im Wohnzimmer zum Kartenspielen warten, man abends müde und erschlagen nach Hause kommt und einfach nur ausschnaufen möchte, oder man gerade ein neues Computerspiel ausgepackt hat. Jetzt nur nicht abblocken, sonst hat man künftig mehr Zeit für seine melt, sich aufs Sofa fallen lässt, als kümmerliches Körpersignal pantomimisch ein Bier in die Luft zeichnet und die Fernbedienung des TV-Gerätes in die Hand nimmt.

Die Frau hat aber ihrerseits ihre Wörter noch überhaupt nicht aufgebraucht – besonders wenn sie ihren Beruf vorübergehend aufgegeben hat, um tagsüber kleine Kinder zu versorgen, welche eher eine intellektuelle Unterforderung hervorrufen, als den Nobelpreis für Literatur herauszukitzeln vermögen – und jetzt natürlich erwartet, angehört zu werden. Der Mann ist aber eher geneigt, sich den Schwachsinn aus dem Fernseher anzuhören als die detaillierten Erlebnisberichte seiner Frau.

Frauen brauchen aber Zuwendung/Zuhörer/Verständnis und fangen einfach an, zu erzählen:

»Heute war ich also in diesem neuen Supermarkt, da habe ich den Cousin unserer Nachbarin getroffen, der eigentlich in Hamburg lebt, weil er da eine viel bessere Stelle gefunden hat, und dort auch viel mehr Geld verdient, weswegen er sich eine schöne Altbauwohnung im besten Viertel der Stadt leisten kann. Der erzählte mir also, dass seine Frau jetzt eine Zusatzausbildung in Marketing macht, damit sie wieder halbtags arbeiten kann, weil sie für ihre zwei kleinen Kinder endlich einen Kindergartenplatz gefunden haben ...« Spätestens dann wird ihr Mann mit den Augen rollen und fragen, was er bitte mit diesen Informationen anfangen soll, da er sie sich sowieso nicht alle merken kann. Er kennt nämlich die Nachbarin nicht, geschweige denn ihren Cousin, und warum dieser verheiratet ist, braucht er auch nicht zu wissen. Als Frau fühlt man sich natürlich persönlich getroffen, weil die Schlussfolgerung (=Pointe) dieser liebevoll in allen Details geschilderten Geschichte noch überhaupt nicht auftauch-

Freunde und all die Computerspiele der Welt, als einem lieb ist.

Frauen wollen meist einfach nur wissen, wo man sich gerade befindet. Ist man noch in der Beziehung? Und wiiieee!! Ist man glücklich? *Naatüüürlichch!!* Wie sehr begehrt man noch? *Waaaahnsinnnig!* Und garantiert folgt dann meistens diese Frage – eigentlich ist sie der Aufhänger für das ganze Gespräch –, wie man ein paar Alltagsdinge verbessern könnte, damit auch sie glücklich wäre. Jetzt nur nicht in Panik geraten. Jetzt gilt es, einen kühlen Kopf zu bewahren, sonst redet man sich noch um Kopf und Kragen.

Frauen sind schon glücklich, wenn man ab und zu ein paar Dinge tut, die in männlichen Augen völlig unnötig, aber für Frauen irgendwie wichtig sind. Reden zum Beispiel – *also zuhören*. Und da ist vor allem eins wichtig: Auch wenn man alles prima findet, wie es gerade läuft, auch wenn man wahrlich nicht den geringsten Anlass sieht, etwas ändern zu müssen, weil doch eh alles so kuschelig ist, dann darf man Schatzi an diesen Gedanken auf keinen Fall teilhaben lassen. Wenn die 20 Prozent gefordert sind, ist es wichtig, Frauen das Gefühl zu geben, wie sehr man sie doch verstünde, wie sehr man sich auch bereits Mühe geben würde, dieses ungeliebte Ding – was immer das auch sein soll – in den Griff zu kriegen und wie sehr man darum kämpfen würde, weil einem doch nichts mehr am Herzen läge als ihr Glück.

Ich habe Frauen erlebt, die nicht etwa mit leuchtenden Augen von der superdupergeilen letzten Nacht berichteten, sondern in völlige Entzückung gerieten, weil sie eines der seltenen Exemplare von Mann erwischt haben, die reden. Nein, nicht über Fußball. Auch nicht über Formel 1. Sondern über Gefühle. Merkwürdig.

Ich hab noch nie einen solchen Mann kennen gelernt.

te und man es wieder bestätigt findet, dass Männer nicht zuhören können und uns Frauen einfach nicht verstehen *wollen*.

Männer können auch nicht gleichzeitig reden und zuhören, geschweige denn dem Fernsehprogramm folgen *und* der eigenen Frau. Also nimmt die Frau die Fernbedienung in die Hand und schaltet auf stumm. Diese Aktion hat einen ungeheueren Symbolcharakter: Für wen oder was wird er sich entscheiden? Wenn er jetzt den alles entscheidenden Fehler begeht und den Ton wieder einschaltet, braucht er sich nicht zu wundern, wenn er damit eine Krise heraufbeschwört, gegen die die Löwenspiele im Kolosseum zu Rom anno dazumal sich ausmachen wie ein gegenseitiges Bewerfen mit Wattebällchen.

Frau: »Nie hörst du mir zu!«

Mann: »Was interessieren mich denn die Nachbarn!«

Frau: »Du hast ja keine Ahnung was ich sagen wollte, du hast mich ja nicht ausreden lassen!«

Mann: »Diesem familiären Wirrwarr der Nachbarn kann man gar nicht folgen!«

Frau: »Den ganzen Tag warte ich auf dich, um mich mit dir auszutauschen, und du hockst dich gleich als Erstes vor den Fernseher!«

Mann: »Ich habe einen anstrengenden Tag hinter mir und will einfach nur meine Ruhe haben!«

Frau: »Mein Tag war auch sehr anstrengend.«

Mann: »Ach ja? Was hast du denn schon groß gemacht? Wäsche gewaschen?«

Frau: »Dann tauschen wir doch einfach! Dann kannst du mal sehen, wie anstrengend so ein Alltag mit Hausarbeit ist!«

Mann: »...«

Frau: (schluchzt) »Du liebst mich nicht mehr!«

Tipp:

Reden mit Frauen ist eigentlich ganz einfach. Es bedeutet nur zuhören. Ab und zu mal »mh« sagen oder »genau«, oder »ganz recht«. Und wenn man gar nicht weiter weiß, hilft meist auch ein: »Würde ich mir auch wünschen.« Man kann auch getrost längere Sätze beginnen, ohne eine blasse Ahnung zu haben, wie der Satz überhaupt enden soll, denn es kommt sowieso nicht dazu, weil man bereits lange vorher unterbrochen wird.

Wenn dennoch eine überraschende Pause eintreten sollte und erwartet wird, dass man eine Antwort auf irgendeine nicht gehörte Frage gibt, sollte man am besten Worte wie »immer« »du bist doch …« und »jedes Mal« benutzen, dann darf man garantiert nicht weiterreden und kann sich wieder in Ruhe überlegen, welche DVDs man sich am Abend ausleihen möchte.

Supertipp:

Kluge Männer geben den Frauen also ihre 20 Prozent. Dann haben sie zu 80 Prozent das Paradies in der Partnerschaft. Und sie geben die 20 Prozent *vor* dem Fußball, sonst kann es sein, dass man sie mittendrin geben muss. Und das endet meist in einem Fiasko. Vor allem seit Frauen sich ebenfalls mit der Fernsteuerung auskennen und einfach mit stumm schalten können.

Am besten, man gibt die 20 Prozent dann, wenn Schatzi überhaupt keine Zeit hat, dann kann man wenigstens auch einmal sagen: »Mit dir kann man aber auch überhaupt nicht reden.«

Urlaub

Zu den vielen, erschöpfenden Aufgaben, die die Männerwelt bewältigen muss, gehört folgende noch dazu: Den Urlaub zu organisieren.

Angeblich tun dies 68 Prozent der Männer– leider habe ich noch keines dieser Exemplare kennen gelernt. Wenn das bedeuten soll, dass 68 Prozent aller Männer, die den Urlaub angeblich organisieren, mit anderen Männern in Männer-Urlaub fahren, dann kann ich es verstehen, aber der Urlaub mit der *Familie* wird von Frauen organisiert. Das ist auch gut so, denn sonst würde sich die Familie im Campingwagen am Hockenheim-Ring wiederfinden, um das Geräusch der vorbeifahrenden Formel-1-Autos zu erhaschen. Es könnte auch sein, dass man im Trekking-Wagen durch die Wüste fährt, das Mountainbike den fünften Achttausender hochschiebt oder Wasserfälle mit dem Kanu bezwingen müsste. Deshalb besteht die größte Herausforderung für die Frau erst mal darin, die Wünsche des eigenen Mannes zu bezwingen und ihn darauf aufmerksam zu machen, dass man sich im Urlaub gerne erholen möchte und nicht permanente Adrenalinschübe braucht, um glücklich zu sein. Nun klingt aber das Wort »Entspannung« in Männerohren nach »Langeweile«.

Die Urlaubsplanung ruft noch größere Diskussionen hervor als die täglichen Entscheidungen des normalen Alltagswahnsinns, denn sie könnte eine weit reichende Konsequenz nach sich ziehen. Möchte man nicht irgendwo im Dschungel von Guatemala die Scheidung einreichen müssen oder beabsichtigt man gar mit allen

Urlaub

Für manche Paare beginnt der Urlaub eigentlich erst dann, wenn sie wieder zu Hause sind. Wer jedenfalls glaubt, sich im Urlaub mit seinem Partner erholen zu können, war entweder noch nie mit seiner Süßen in den Ferien oder leidet bereits an fortgeschrittenem Alzheimer.

Nur zur Erinnerung. Männer und Frauen sind äußerst unterschiedlich. Aus diesem Grund streiten sie sehr oft. Zu Hause haben sie deswegen meist Mittel und Wege gefunden, sich so oft wie möglich aus dem Weg zu gehen.

Im Urlaub gilt aber diese Regelung plötzlich nicht mehr. Obwohl man es besser weiß, überfällt einen beim Buchen des Urlaubs alljährlich hoffnungsvolle Blindheit. Man bucht nämlich nicht etwa zwei getrennte Hotels an zwei verschiedenen Stränden, sondern ein kleines gemeinsames Zimmerchen von der Größe eines Doppelbettes, zu dem ein zwei Fliesen großes Bad gehört, in dem man sich nicht ohne Prellungen um die eigene Achse drehen kann, geschweige denn dass es genügend Platz für den Kulturbeutel einer Frau bieten würde.

Deshalb verbringen Männer die meiste Zeit an der Bar, weil sie einfach keinen Platz im Zimmer haben, das bereits mit Schatzis *wenigen* Koffern und Taschen und Plastiktüten bis zum Bersten gefüllt ist.

Eine Frau braucht nämlich siebenundzwanzigtausend verschiedene Einzelteile für alle möglichen Eventualitäten, denn man weiß ja nie, ob es nicht doch kalt wird oder orkanmäßig regnet, ob man von der alle 70 Jahre auftre-

seinen (eigenen) Kindern wieder nach Hause zurückkehren, will jeder Schritt wohl überlegt sein.

Da die Bedürfnisse aller Familienmitglieder sehr, sehr unterschiedlich sind, werden erst mal Unmengen von Katalogen gewälzt, in der Hoffung, die Traum-Destination würde einem gleich auf der ersten Seite entgegenspringen: Ein Fünf-Sterne-Resort mit HD-TV, Wildwasser-Rafting, Tennisplatz, Personal-Pilates-Trainer, privatem Strand, Swimmingpool in der Größe des Olympiastadions (garantiert Rentnerfrei), Disco mit Billardtisch (garantiert Elternfrei), eigener Satellitenschüssel für die Fußballübertragungen, rauchfreier Bar, Präsidenten-Suite, Wellness-Anwendungen, Sternekoch und »all inclusive«. Dieser Vier-Wochen-Luxus-Urlaub soll natürlich einen finanziellen Gegenwert von einer Woche Aufenthalt in einer netten österreichischen Pension haben.

Wenn dann die schlimmsten Klippen der Fehlentscheidungen umschifft sind, verlassen alle frustriert den Raum, wobei sich die grundsätzliche Frage stellt, ob der Kontostand es nicht doch zulassen würde, jedes Familienmitglieder in eine der vier Windrichtungen zu schicken.

Zähneknirschend wird sich für ein kleines Hotel am Strand in einem Land, wo ständig die Sonne scheinen soll, entschieden (die nächste Fluchtmöglichkeit = Stadt nicht so weit entfernt). Das Kofferpacken bereits artet zu einem kriegerischen Akt aus, in dem die Beteiligten alle möglichen Erpressungsmechanismen an den Tag legen, um nicht die alleinige Verantwortung für die vergessenen Sachen übernehmen zu müssen. Während der Koffer des Mannes nach dem Warenangebot eines Multimedia-Markts aussieht, – Aufladegeräte, Verlängerungskabel, DVD- und CD-Player, Adapter, die komplette DVD-Sammlung, USB-Stick, CD-Rohtenden Jahrhundert-Tropenhitze erwischt wird, ob man jemanden trifft, der auf Rot allergisch reagiert, oder einen Eisberg streift – und wir wissen ja, wie das ausgegangen ist.

Siebzehn Paar Schuhe sind keine Seltenheit, ebenso viele Kleider, Röcke, Blusen, Hosen, Anzüge, Hüte, Schals und natürlich richtig dicke Pullover, falls der Pilot sich verfliegt und man in Sibirien landet. Nicht zu vergessen die 20 Bücher für jede Stimmung, zwölf heitere Sommerromane, vier Reiseführer und eine Reiseapotheke, auf die jeder Apotheker stolz wäre, damit man notfalls das Hotelzimmer zur Intensivstation umfunktionieren kann.

linge für Safe-Kopien et cetera –, ragt aus dem Koffer des Kindes ein Hasenohr heraus. Gefährlich wölbt sich das Gepäckstück, und beim vollständigen Öffnen des Reißverschlusses springen einem so viele Schmusetiere entgegen, dass man locker am Urlaubsort eine Stofftier-Boutique eröffnen könnte. Nach vielem Geschimpfe wird der Koffer des Mannes doch noch mit Hosen und T-Shirts bestückt und der Koffer des Kindes vom Zoo befreit. Nach noch größerem Gezeter wirft sich das Kind schluchzend aufs Bett und entgegnet auf die Ansage der Mutter, dass nur *ein* Stofftier mitdürfe:

»Aber Mama, dann sind doch alle anderen traurig, dass sie keinen Urlaub bekommen!«

Bereits im Flugzeug wird klar, dass der beengte Raum einer entspannten und lösungsorientierten Kommunikation nicht besonders förderlich ist, wenn der Tomatensaft auf der weißen Hose gelandet ist, der falsche Film läuft, der Akku des Laptops abkackt, das Kind den i-pod im Hauptgepäck verstaut hat und die Stewardess gerade keine Zeit hat, weil sie mit sich übergebenden Kleinkindern beschäftigt ist. In dieser Situation ist es am besten, sich schlafend zu stellen und tapfer die vielen Ellebogenstöße seines liebenden Ehegatten, der beachtet werden möchte, zu ignorieren.

Endlich die Ankunft am Urlaubsort! Mürrisch und unausgeschlafen pfercht man sich in den Shuttle zum Hotel – glücklicherweise zu müde um zu meckern. Das legt sich bei der Ankunft im *Hotel* (oder doch eher einer Pension?). Das Zimmer hat keinen Balkon und liegt natürlich nicht zur Südseite. Der Pool (hellblaue Pfütze) ist voll mit Bakterien (Urlaubern). Das Zimmer ist so klein, dass nur einer (die Frau – denn das kann sie ja viel besser) den Schrank einräumen kann,

Es gibt Frauen, die machen sich lange Listen, damit sie auch nicht vergessen, was sie alles mitnehmen wollen, dabei wäre es wesentlich einfacher, auf einem kleinen Zettel zu notieren, was in der Wohnung verbleiben soll.

Männer brauchen für zwei Wochen dagegen nur eine Unterhose, eine Jeans, zwei Socken der gleichen Farbe und ein T-Shirt. All das haben sie bereits beim Abflug an. Bleibt noch eine Zahnbürste fürs Gepäck und die Badehose. Mehr Platz bekommen sie auch nicht in den vier Koffern, acht Taschen und zwei Rucksäcken, die bereits Tage vor der Abreise aus allen Nähten platzen. Natürlich nur mit dem, was man vielleicht brauchen könnte, falls einem die Rückreise für immer verwehrt wird oder man als politische Geisel genommen wird (»Lieber Herr Entführer, bitte warten Sie noch einen Moment, ich komme gleich mit, aber könnten Sie schon mal die zwölf Koffer nehmen?«). Nicht selten muss man sich gemeinsam mit dem Taxifahrer auf die Koffer setzen, damit man sie schließen kann und bei der Fluggesellschaft beharrlich behaupten, man wäre Tiefseetaucher, damit sie einem für das Übergepäck nicht die Scheckkarte leer buchen. Wenn man es überhaupt bis zum Schalter schafft und sich nicht bereits vorher einen Bandscheibenvorfall geholt hat oder anderweitig zusammengebrochen ist.

Und dieser mittlere Umzug soll nun in der winzig kleinen Abstellkammer mit Meerblick Platz finden. Will man zum Bett, muss man durch offene Koffer waten und der Weg aufs Klo wird zu einem Abenteuerkampf durch Berge von Cremes, Pasten, Lotionen, Sunblockern, Lockenwicklern und Eyelinern. Für die eigene einzige Zahnbürste gibt es natürlich keinen Platz mehr, und wenn man ihr Duschgel benutzen will, muss man erst fortgeschrittene Englischkenntnisse besitzen, damit während sich der andere (der Mann – denn das kann er besser) an der Bar das Hotel schön trinkt. Das Kind verschachert unterdessen das ehemals heiß geliebte Stofftier gegen einen Gameboy.

Was also tun wir Frauen dann in so einem Fall? Bevor irgendjemand etwas merkt, wird die erste Fluchtmöglichkeit in Richtung Stadt genutzt. Tief verschleiert eilt man an der Bar vorbei, bedeutet dem Rezeptionisten mit hektischen Blicken, dass der Wagen jetzt vorfahren kann und stürzt sich ins Shopping-Getümmel. Endlich! Schöne Geschäfte, angenehme Verkäuferinnen, zauberhafte kleine Päckchen, tolle Düfte – das Auge labt sich an den fantasievollen Kreationen dieser Welt. Solange keine Vermisstenanzeige aufgegeben wurde, gönnt man sich noch in einem kleinen Straßen-Cafe eine Eis-Kreation und blättert in den neuesten Modezeitschriften. Inspiriert von den tollen Bildern, kehrt man doch noch in dem kleinen Schuhladen ein und ersteht ein paar zarte High Heels mit Riemchenschnürung, welche zu kostbar für den Strandurlaub sind, aber zu Hause ganz sicher Furore machen werden (im Schuhschrank, damit die anderen Schuhe sehen, dass man im Urlaub war). Bis über beide Ohren strahlend, mit vielen Päckchen beladen, findet man den Weg zum Hotelzimmer. Beim Aufmachen der Tür blicken zwei Augenpaare neugierig hoch, die Schokolade noch am Mund klebend, und auf dem Bett stapeln sich aufgerissene Chipstüten. Es riecht nach erkalteten Pommes, und der Geräuschpegel der Sportschau dringt ans Ohr. Da erreicht einen die gut gelaunte Frage: »Na, Mama? Hast du Spaß gehabt?«

»Super viel Spaß« antwortet man, bevor man mit aufs Bett klettert, sich den Mund mit Chips vollstopft und findet, dass der Urlaub jetzt richtig begonnen hat!

man nicht aus Versehen den Enthaarer oder Blondierer erwischt. Deswegen nehmen Männer im Urlaub anstatt zu duschen lieber den Pool und das Meer als natürliches Urinal. Das schreit auch nicht gleich: »Deckel runter!«

Wenn man aber nun glaubt, dass man am Urlaubsort das Gröbste hinter sich hat, dann irrt man gewaltig. Denn natürlich haben Frauen nie das dabei, was sie wirklich brauchen. Und da man im Urlaub ja auch Klamotten kaufen kann, und zwar viel schönere als daheim, liegt man nicht etwa am Strand und lässt sich die kaputten Bandscheiben massieren, sondern man kauft dort auch noch zwei weitere riesige Reisetaschen und füllt sie mit neuen Klamotten, während man schon mal überlegt, welche Schublade mit CDs man diesmal zu Hause dafür leer räumen soll.

Während Männer im Urlaub einfach nur gerne rumgammeln wollen, also nichts tun, und zwar absolut nichts, und das am liebsten den ganzen Tag und die ganze Nacht, mit Ausnahme der berühmten drei Minuten natürlich, wollen Frauen ganz viel erleben. Aber natürlich nicht alleine. Sondern mit wem?

Es gibt Männer, die in ihren Büros Partys feiern, wenn sie die Ferien heil überstanden haben. Während Frauen zur gleichen Zeit schon den nächsten Urlaub planen.

Beifahrer

Zugegeben, es gibt im Leben eines Mannes viele schlimme Prüfungen. Eine davon erfordert von ihm ein Höchstmaß an Demut und Geduld, nämlich die, Beifahrer zu sein.

Es liegt in der Natur der Sache, dass sich ein Mann nur unter *Ausnahmebedingungen* einer solchen schier ausweglosen Situation aussetzt, welche ihm auch noch fast körperliche Schmerzen bereitet und seinen Intellekt (welchen Teil davon genau?) bis aufs Äußerste fordert.

Zu den Ausnahmebedingungen gehören: besinnungslose Trunkenheit nach einem Event (wobei *er* damit argumentiert, dass er sich betrinken *muss*, um diese nun folgende Situation schadlos zu überstehen), oder ein (echter) Bandscheibenvorfall (wobei man an seinem schmerzverzerrten Gesicht nicht erkennen kann, was schmerzlicher ist, Beifahrer zu sein oder eine gequetschte Bandscheibe zu haben) oder eine Beinamputation.

Da er als Beifahrer einer Frau um den Verlust seiner männlichen Reputation fürchtet, sucht er sofort bei Sichtung eines BMW oder Mercedes vermeintlich am Boden liegende Krümel, denn es könnte ihn ja einer seiner Vorgesetzten/Kollegen/Kunden in dieser beschämenden Lage (welcher Lage genau?) erblicken. Am nächsten Morgen im Büro müsste er dann womöglich erklären, dass er von seiner Frau gezwungen worden sei, mitzufahren, unter der Androhung schlimmster

Beifahrer

Männer sind nicht die besseren Autofahrer. Das muss ich an dieser Stelle so deutlich sagen, da dieses Kapitel auch Frauen lesen werden, und beim Autofahren hört der Spaß bekanntlich auf. Über nichts kann man sich so lang und anhaltend streiten wie über Kindererziehung und Autofahren. Und in beiden Fällen haben immer – ich wiederhole, *immer* (oder wollen Sie künftig als Single leben?) – die Frauen recht.

Also! Frauen fahren nicht schlechter als Männer, nur anders. Aber schon so anders, dass man nicht versteht, wie sie dennoch immer wieder ihr Ziel erreichen.

Was Männer aber am meisten erstaunt, ist die Tatsache, dass Frauen, obwohl sie so »anders« fahren, dennoch alles besser wissen und dem Mann ständig beim Fahren reinreden. Wer das »Glück« hat, eine Frau als Beifahrerin zu haben, kann mit 97-prozentiger Sicherheit davon ausgehen, nicht ohne fünf angedrohte Trennungen, dem frisch geschmierten Butterbrot im Gesicht und einem handfesten Krach sein Ziel zu erreichen.

Haben Sie schon mal zwei Männer gehört, die sich beim Autofahren über die Fahrweise streiten? Sicher nicht. Das ist genauso unwahrscheinlich wie zwei schweigende Frauen, wenn sie zusammen sind. Zwei Männer im Auto sind stets harmonisch und ausgeglichen. Sie unterhalten sich über alles, aber nicht, ich wiederhole, *nicht* über den Straßenverkehr.

Sitzt dagegen eine Frau auf dem Beifahrersitz, fühlt sie sich, obwohl sie nicht einmal eine Straßenkarte vernünftig lesen kann, zum Fahrlehrer berufen. Sieht man zum Bei-

Folterungen (welcher genau?), denen er natürlich entgehen wollte.

Da ein Mann aber immer unter allen Umständen die Kontrolle behalten muss, lässt er keine Sekunde ungenutzt, die Fahrtüchtigkeit seiner Liebsten in Frage zu stellen. Sie fährt natürlich zu langsam, zu defensiv, geht die Kurven zu großzügig an, überholt nicht oder lässt sich zu früh an die Ampel rollen. Männer hassen es, wenn Frauen zu oft die Kupplung treten, und sie hassen es noch mehr, wenn sie bremsen. Einen langsam dahin gleitenden Wagens bewerten sie gleich mit Stillstand oder gar Stau. Deshalb bellen sie der bis vor kurzem noch gelassenen Fahrerin ins Ohr: »Jetzt überhol diesen Idioten doch!«, »Wechsel die Spur!«, oder »Na, diese Ampel hättest du aber noch mitnehmen können!«

Sie riskieren lieber ein schönes, teures Foto und ein paar lustige Punkte in Flensburg, als dass sie bei einer dummen (wie dumm genau?) Ampel klein beigeben. Gerne verwandeln sie sich in Formel-1-Fahrer, wenn es darum geht, bei einer Fahrbahnverengung als Erster reinzukommen. Sie drängen sich normalerweise unter größten Beschimpfungen und groben Handzeichen zwischen die anderen Autos und verlangen von ihrer Frau die gleiche Verhaltensweise. Beim Wettrennen mit fremden Fahrern um die Pole-Position werden dann auch gerne ältere Mitbürger auf ihre Sprunghaftigkeit überprüft, wenn die Kurve sehr knapp angeschnitten wird, aber die Fußgängerampel noch Grün anzeigt. Wehe, man gibt dazu einen Kommentar ab! Dann heißt es nur: »Was geht der auch so langsam.«

Das Ganze bekommt eine neue Dimension, wenn man sich in einer fremden Stadt befindet und der Mann mit spiel 500 Meter entfernt, so als ganz kleinen Punkt, ein anderes Auto, kann man darauf wetten, dass nun Schatzi zum Einsatz kommt: »Sag mal, musst du so nah auffahren?« Nützt man zum Beispiel die Grünphase aus, wird man mit der Frage konfrontiert: »Bist du farbenblind oder war das eben nicht Gelb?«

Und so geht das die ganze Zeit. Ist man zum Beispiel so richtig angenehm im Fahrfluss eingebettet, hält sich Schatzi garantiert mit beiden Händen krampfhaft am Armaturenbrett fest, verzieht das Gesicht wie vor einem Erschießungskommando und schreit, obwohl man doch direkt neben ihr sitzt: »Gibt es einen Grund, warum du so rasen musst?« *Ja, weil du dich so lange schminken musstest, dich dreimal umgezogen hast, bist du wusstest, was du nicht anziehen willst, und dann auch noch an der Haustür eine Laufmasche entdeckt hast und ich nicht wieder einmal zu spät kommen möchte.*

Ein anderes Beispiel: Tuckelt man im Schneckentempo hinter einem LKW her und schaut nur mal so vorsichtig ein bisschen weiter nach vorn, kurz bevor man vor lauter Langeweile endgültig einschläft, blickt Schatzi garantiert von ihrer Illustrierten hoch und blickt einen strafend an: »Den überholen wir aber jetzt nicht auch noch, oder?«

Und so geht das die ganze Zeit: »Kannst du dich nicht mal für eine Spur entscheiden?« »Mach das Fenster zu, es zieht.« »Musst du jetzt wieder ein Wettrennen veranstalten?« »Mir ist kalt, dreh doch mal die Heizung an.«

Die einzige Möglichkeit, eine Frau zum Schweigen zu bringen, besteht darin, ihr eine Straßenkarte in die Hand zu drücken. Damit ist sie garantiert die ganze Fahrt über beschäftigt. Natürlich dauert die Fahrt wesentlich länger, weil man ständig falsch abbiegen muss oder an jeder Ausfahrt zehn Minuten auf eine Entscheidung wartet.

dem Stadtplan konfrontiert wird. Da das männliche Gehirn darauf programmiert ist, *eine* Sache nach der *anderen* (welche genau?) zu erledigen, darf man, während das *Genie* die Karte liest, keinen Kommentar abgeben. Da Frauen aber höchst kommunikativ sind und ihr Sprachschatz deutlich mehr Wörter zur Verfügung hat als der des Mannes, ist es ihr absolut unverständlich, warum sie in dieser – für sie lächerlichen – Situation nicht weiterreden darf. Der Mann wird da natürlich ganz einfühlsam mit einem: »Halt den Mund, ich muss mich konzentrieren« reagieren. Er kann also nicht zuhören und gleichzeitig die Karte lesen. Eine fremde Stadt stellt ihn aber vor eine ganz neue Herausforderung: Wie soll er sich in einem fremden Revier zurechtfinden, welches er noch nicht erobert hat? Die Angst vor Gesichtsverlust nimmt überhand. Schnell wird eine geeignete Ausrede erfunden. Da er es aber langsam satt hat, kleine Buchstaben zwischen dünnen bunten Linien auf einem zusammengefalteten bunten Papier zu suchen, schlägt er ihr die für ihn einzig plausible Lösung vor: »Fahr Richtung Nord-Osten.« Dass er damit die Frau völlig aus der Fassung bringt, ist ihm in diesem Moment natürlich nicht bewusst: Frauen haben nämlich keinen Orientierungssinn auf lange Strecken hin gesehen. (Sie wissen schon, die Nesthüterin ...) Auf ihren zähflüssig vorgebrachten Vorschlag hin: »Soll ich dann in die Fußgängerzone hineinfahren oder was stellst du dir vor?«, reagiert er mit völligem Unverständnis. Er hätte doch wohl jetzt eine klare Anweisung gegeben, oder? Es entbrennt ein zähnefletschender Streit aus dem Nichts heraus. Auch der gut gemeinte mehrmalige Vorschlag: »Ich fahre jetzt rechts ran und frage nach dem Weg«, wird mit männlicher Verachtung quittiert, als hätte man vorgeschlagen, auf der Kühlerhaube ein Spiegelei

Dafür aber können endlich die Männer die richtigen Fragen stellen: »Müssen wir hier raus, Schatz?« »Hier. Oh mein Gott. Warte.« Schnell wird die Illustrierte beiseite geschoben und mit dem Finger wild auf der Karte irgendwelche Linien verfolgt. »Buddenborg …. Warte… Wo ist Buddenborg?« »Hier ist Buddenborg, Schatz, noch 300 Meter und ich will wissen, ob wir hier rausmüssen.« »Liegt das bei Celle?« »Du musst die Karte umdrehen.« »Wieso? Ich drehe die Karte in der Richtung, in die wir fahren müssen. Wir kommen doch von oben.« »Schatz! Bitte jetzt! Wir haben nur noch 200 Meter.« Die Anspannung steigt, Panik macht sich in ihrem Gesicht breit. »Ich hab's gleich. Warte.« »100 Meter! Schatz! Bekomme ich heute noch eine gültige Ansage?« Ihre Augen weiten sich vor Schreck wie kurz vor den Presswehen. »Ah, jetzt hab ich's. Hier ist Buddenborg. Warte. Ja, ich glaube … nein … doch … warte …«

In diesem Moment fährt man an der Abfahrt vorbei.

»Ja! Hier müssen wir raus.«

Ihr Gesicht ist erleichtert, fast glücklich, aber nur so lange, bis sie von der Karte hochsieht. »Warum bist du nicht rausgefahren? Ich hab doch gesagt, wir müssen hier raus!«

»Aber drei Kilometer zu spät. Danke, Schatz. Macht ja nichts.«

Was jetzt kommt, wissen alle Männer nur zu gut. »Dann lies doch die Karte selber, wenn du es besser kannst!«

Okay, diese Variante geht auch nicht wirklich friedlicher ab, aber man muss nicht bei jedem Zebrastreifen die ganze Stadt vorbeilassen, für jedes Eichhörnchen ein Vollbremsung hinlegen und darf auch mal verhindern, dass der Porsche es wirklich schafft, noch vor einem in die Spur zu wischen.

Das Thema Autofahren und Frauen scheint übrigens ein generationenübergreifendes zu sein. Schon mein Vater musste nach jeder Autofahrt eine neue Straßenkarte kauzu braten. Gut gemeint ist auch daneben – denn das Auto läuft gerade heiß, und zwar nicht nur von außen, sondern auch von innen. In so einer Situation auch noch jemanden nach dem Weg zu fragen, würde ein Anzeichen von Schwäche bedeuten.

Wie Rumpelstilzchen in seinen besten Tagen, mit Schaum vor dem Mund, wird die generelle Fähigkeit von Frauen, Auto zu fahren, mit der Fähigkeit eines mittelmäßig begabten Neandertalers verglichen. Da der Scheidungsanwalt gerade nicht in der Nähe ist, um endlich einen Schlussstrich unter diese Sache zu ziehen, ist es in diesem Fall besser, an den Straßenrand zu fahren, auszusteigen und dem Mann wieder seinen Alpha-Männchen-Platz zu überlassen. Jetzt ist alles wieder gut! Ach ja? Sicher? Was *er* nicht bedacht hat: Jetzt haben *wir* die Straßenkarte in der Hand!

fen, da sie regelmäßig aus dem Fenster flog. Dennoch kam er stets an. Meist zu spät – weil er nicht nach dem Weg fragen wollte, richtige Männer finden den Weg von selbst –, und auch nie in wirklich friedlicher Stimmung. Aber man kann sich ja, am Ziel angekommen, aus dem Weg gehen. Sex wird es übrigens nach einer gemeinsamen Autofahrt nur selten geben. Ich glaube, deswegen sind die Züge inzwischen so überfüllt.

Sätze, die Frauen lieben

Hast du abgenommen?

Ich mag dein Lächeln.

Ohne dich ist das Leben ganz schön einsam.

Das Kleid steht dir prima.

Du siehst irgendwie jünger aus.

Du hast wundervolle Augen.

Die neue Frisur passt zu dir.

Ich werde mich nie sattsehen an dir.

Wow!!!

Was für atemberaubende Beine.

Ich lege dir die Welt zu Füßen.

Ich werde dich immer auf Händen tragen.

Du bist die Schönste.

Neben dir verblassen alle anderen Frauen.

Keine andere Frau hat mich so befriedigt wie du.

Mit dir möchte ich viele Kinder zeugen.

Klar kannst du meine Mastercard ohne Limit haben.

Ohne dich ist mein Leben voller trüber Tage.

Sätze, die Männer lieben

So gut wie du war noch keiner.

Solch einen Orgasmus hatte ich noch nie.

So viele Orgasmen hatte ich noch nie in einer Nacht.

Eigentlich war es nur ein einziger, großer, gewaltiger, der nie aufhörte. Eigentlich komme ich jetzt noch immer.

Mein Gott, ist der groß.

Nein, er ist nicht zu groß. Passt prima.

Soll ich dir ein paar Dessous vorführen?

Du machst mich wahnsinnig *(im positiven Sinne).*

Willst du mich nackt fotografieren?

Ich hab den Kühlschrank aufgefüllt.

Heute Nacht gehöre ich nur dir.

Dir habe ich noch nie einen Orgasmus vorgespielt. Bei dir habe ich so was doch nicht nötig.

Du machst mich vollkommen süchtig.

Ohne dich ist das Leben ganz schön einsam.

Erst mit dir begann mein Leben.

Du bist der Mann meiner Träume.

Stille

Ich höre hier nur einen reden …

Stille

Es gibt stilles Wasser, stille Seen und stille Fische, aber niemals stille Frauen. Frauen können nicht still sein. Es widerspricht ihrer Natur. Frauen wollen reden. Dabei spielt es keine Rolle, worüber. Für Frauen eignet sich schließlich alles, um besprochen zu werden. Die neue Tasche, ihre Tage, ihre Diät, ihre Haare, ihre Gefühle, ihre Beziehung, und im gleichen Atemzug können sie tagelang Fachseminare über Schuhe, Accessoires und natürlich auch endlose Vorträge über die Stille halten, die sie so vermissen würden. Nur eins können sie nicht: Stille entstehen lassen.

Nehmen wir doch mal ein Beispiel. Sie sitzen abends mit der Liebsten beim Fernsehen und schauen sich so richtig genüsslich einen Film an. Sie liegt schmusig im Arm und alles scheint gut auszugehen. Da geht ein Zucken durch ihren Körper, die Augen weiten sich und der Finger streckt sich zum Bildschirm. »Die trägt ja meine Tasche«, oder: »Solche Schuhe hätte ich auch gerne.« Wobei dies noch harmlose Kommentare sind. Ein Film dauert 90 Minuten und genauso lang kann sie kommentieren. Die ganze Skala rauf und runter: »Der Typ ist aber süß«, über: »Warum hast du eigentlich nicht auch so ein Sixpack?«, bis: »Glaubst du, das geht gut aus?«

Halloo! Woher soll ich das wissen. Ich sehe den Film doch auch zum ersten Mal.

»Er geht bestimmt zu ihr und entschuldigt sich. Oder er erschießt sie.«

Halloooo. Das ist eine Komödie.

… du redest ja noch immer …

»Dann kitzelt er sie zu Tode. Aber sie wird sterben. Wirst schon sehen.«

Gibt es endlich mal ein bisschen was Spannendes für Männer zu sehen, mault sie beleidigt. »Müssen die immer so viel rumknutschen? Und warum muss die sich jetzt ausziehen?«

Haaaallllooooo!! Damit wir Männer dieses Gequatsche überhaupt aushalten. Und man duscht eben nicht mit Klamotten.

»Bis jetzt mochte ich den Schauspieler, aber wenn der seine Frau betrügt …«

Das ist doch nur gespielt.

»Aber schon ziemlich echt. Würdest du mich denn auch mit so einer betrügen?«

Haaaallihalllo!!! Lass uns bitte den Film ansehen.

»Hab ich mir gedacht, dass du ausweichst. Aber dafür wird er erschossen. Wirst schon sehen.«

Hallöööchennnn?? Würdest du mich denn auch erschießen?

»Dich würde ich auch umbringen, nur damit du es weißt.«

Na bravo. Bis jetzt war man noch unschuldig, und nun hat man eine massive Morddrohung am Hals.

»Aber jetzt weiß ich, wie der Film ausgeht. Die heiraten. Ich hab ihn schon gesehen. Der betrügt sie nämlich gar nicht. Das ist nur ein Traum von ihm.«

Danke. Dann kann ich ja noch ein Bier holen.

»Aber dich würde ich auch bereits für so einen Traum umbringen. Träumst du so was? Kannst es ruhig sagen. Wo gehst du denn hin? Dich plagt wohl dein schlechtes Gewissen?! Meine Güte, mit dir kann man nicht einmal in Ruhe einen Film anschauen.«

Es gibt stilles Wasser, stille Seen und stille Fische, aber niemals stille Frauen. Zeigen Sie mir den Mann, der jemals beim Fernsehen eine stille Frau neben sich sitzen hatte. Oder beim Autofahren. Oder beim Kochen.

… und immer noch …

Haben Sie dagegen schon mal zwei Männer irgendwo sitzen sehen? Beim Angeln oder auf einer Bank? Männer können stundenlang schweigen. Nach drei Bier hebt dann mal einer vielleicht den Kopf und sagt: »Genauso ist es, Paule.« Und dann schweigen sie wieder für drei Stunden. Männer verstehen sich eben ohne Worte.

Aber haben Sie schon mal irgendwo zwei Frauen sitzen sehen, die sich anschwiegen? Frauen treffen sich nicht, um zu schweigen. Frauen treffen sich, um zu reden. Auch darüber zum Beispiel, warum die Kerle so verdammt viel schweigen.

Frauen träumen von Tiefe und stillem Verständnis. Hand in Hand ins Wasser schauen, Arm in Arm den Sonnenuntergang erspüren und einfach nur um die Nähe zueinander wissen.

Aber was tun sie, wenn man wirklich in ihre Hand schlüpft? Sie kommentieren: »Schön, dass du endlich zur Vernunft kommst.« Oder: »Warum zeigst du mir nicht öfter auf diese Weise, dass du mich liebst? Du liebst mich doch, oder? Jetzt sag doch was! Mit dir kann man eben nicht reden.«

Tanzen

Warum? Warum! Warum?!?!???

Tanzen ist doch etwas Wunderbares, *warum* wollen Männer diese ganzheitliche Körpererfahrung mit Frauen nicht erleben? Sie sind doch sonst so wild auf ganzheitliche Körpererfahrungen ...

Tanzen bedeutet Freiheit, Sinnlichkeit, die Göttin in sich entdecken, Glückseligkeit, Losgelöstheit, Vergessen, Freude, Spaß, Ekstase – und das alles sollen wir nicht ausleben dürfen?

Mitunter müssen Frauen ihre Männer *jahrelang* anflehen, sie doch mal zum Tanzen aufzufordern, geschweige denn, einen Tanzkurs zu besuchen. Bei gesellschaftlichen Anlässen reicht nur ein Blick in die gequält dreinblickenden Augen des Mannes, um zu begreifen, dass es in diesem Jahr wohl wieder nichts wird. Aber wehe, der Blick der gedemütigten Frau sucht schweifend nach einem *anderen* Tanzpartner. Es existieren nämlich durchaus Exemplare der männlichen Gattung, welche es tatsächlich erstrebenswert finden, ihren Körper rhythmisch zur Musik zu bewegen.

Stellen wir uns einfach nur so zum Spaß vor, das Unfassbare würde passieren:

Der eigene sehnsüchtig umherschweifende Blick wird aufgefangen (das gibt's doch nicht), man wird tatsächlich von einem *Mann* zum Unaussprechlichen aufgefordert: Zum *Tanzen*! Endlich! Der Duft der Freiheit. Die Frau schwebt beseelt dahin, der Partner ist sensibel und temperamentvoll zugleich, der Körper

Tanzen

Für Frauen ist Tanzen Lebensfreude pur und Ausdruck von Lebendigkeit. Frauen tanzen mit Leib und Seele.

Männer tanzen mit zwei Füßen.

Für Frauen ist Tanzen reinste Erotik, die Gelegenheit, sich von allem Einengenden zu befreien und größtmöglicher Ausdruck von unbändigem Glücksgefühl. Frauen tanzen, weil sie tanzen wollen, weil sie ihre Sehnsüchte, Träume und Hoffnungen mit auf die Tanzfläche nehmen. Sie schalten den Verstand aus und werden zu charismatischen Göttinnen.

Männer beneiden Frauen darum. Für Männer ist Tanzen knallharte Ernüchterung, die Gewissheit, in einem unbeholfenen Körper eingesperrt zu sein.

Um es gleich vorwegzusagen. Hier schreibt ein Nichttänzer. Sie wissen schon, so einer, der den ganzen Abend mit bangem Blick auf die Tanzfläche schielt, auf einen Schieber hofft, und beim ersten Hinweis von fast bewegungsloser Musik die Gelegenheit ergreift, um das Tanzsoll des Abends hinter sich zu bringen. Während man dann seine Süße mit einem tapferen Lächeln vor sich herschiebt, hofft man inständig, dass die Tanzfläche so überfüllt bleibt, damit man ungesehen unter all den anderen Nichttänzern, die jetzt ebenfalls die Tanzfläche stürmen, untertauchen kann. Nur keinen Platz am Rand, sondern tief in die Mitte, wo das Gedränge aller ängstlichen Männer am größten ist und hoffen, dass die eigene Unfähigkeit unbemerkt bleibt. Aber genau in dem Moment leert sich wie von Geisterhand die Tanzfläche, alle Augen starren einen an, und hinter mancher Hand vermutet man ein spöttisches Lächeln. Die bebt, jede Zelle vibriert vor sinnlicher Freude. Der Puls wird schneller und schneller, die Ohren summen, und die Haare schwingen und flattern fast in Zeitlupe um das glücksbeseelte Gesicht, wie in der besten Shampoo-Werbung.

Das weiblichste aller Instrumente – das Becken – kreist intuitiv (ohne einen Bauchtanz-Kurs besucht zu haben) in Tantra-Manier um den hoffentlich neutral bleibenden Tanzpartner herum.

Die Zeit existiert nicht mehr, der Raum löst sich auf, und man wünscht sich, es möge nie zu Ende gehen. Nach gefühlten zwei Sekunden (drei Liedern) ist der Traum erst mal vorbei.

Nach der unvermeidlichen Rückkehr an den Tisch kann sie sich sicher sein, dass im Geiste des schmählich Verlassenen gerade blutige Duelle im Morgengrauen stattgefunden haben, natürlich mit dem einzig möglichen Ausgang: Der Widersacher liegt wimmernd vor Schmerzen in seiner eigenen Blutlache und die Waffe (Revolver/Schwert/Säbel) zeigt deutliche Spuren ...

Erschöpft vor Seligkeit nimmt die Frau Abschied von dem griechischen Tanz-Gott, um durch beleidigtes Wegblicken des Angetrauten abgestraft zu werden: »Na, du hast es ja wohl sehr genossen.« Auf die Antwort: »Ich hätte dieses Erlebnis auch sehr gerne mit dir gehabt«, kassiert sie nur ein verächtliches Schnauben. Spätestens jetzt weiß sie, dass der Abend gelaufen ist.

Was nun kommt, lässt sich nur mit dem Kalten Krieg vergleichen:

Frau: »Seit Jahren versuche ich, dich zum Tanzen zu bewegen.«

Mann: »...«

Frau: »Ich tanze nun mal sehr gerne und wenn ich das nicht mit dir tun kann, dann eben mit jemand anderem.«

Süße bewegt sich so anmutig zu dem Nichts an Musik, dass einem die Augen rausfallen und man sich fühlt wie ein müder Sandsack. Hilflos klebt man an ihr und unterbindet jegliche unvorhergesehene Bewegung mit Klammern.

Den Rest des Abends krallt man sich an seinem Stuhl oder an der Theke fest und weiß, dass das Schlimmste noch lange nicht vorüber ist. Denn an solchen Orten wimmelt es von diesen One-Night-Stand-Artisten, den frisch gegelten Bewegungskünstlern. Mit eiskalter Zielsicherheit machen sie die Herren aus, die sich an der Tischkante verbeißen und mit panikerfüllten Augen ihre Liebste durch ein Gespräch zu fesseln versuchen, was bei einer Tanzveranstaltung natürlich ziemlich lächerlich ist. Und schon gockeln sie sich vor einem auf: »Sie haben doch nichts dagegen, wenn ich sie mir mal kurz ausleihe?«

Die als Frage getarnte Feststellung wartet nicht auf eine Antwort und lässt beide auf die Tanzfläche entschwinden, noch bevor einem eine witzige Replik eingefallen ist.

Und dann darf man zusehen, wie die eigene Frau aufblüht, als hätte sie ein Leben lang auf die führende Hand gewartet. Jeder Schritt von ihr, jede anmutige Geste ist ein wundervoller Ausdruck ihrer Sinnlichkeit. Das brave Mädchen, die artige Frau legt auf der Tanzfläche alle Hemmungen ab, denn Tanzen – und das wird einem spätestens zu diesem Zeitpunkt klar – ist so was wie Sex, nur auf einer anderen Ebene. Man berührt sich, wiegt sich, deutet Bewegungen an, die man sonst im Leben nicht wagen würde. Man schmiegt sich an den Körper, entfernt sich, lässt sich zurückholen und heizt sich gegenseitig auf. Man ist fordernd, aufreizend, lockend und erhitzt, kommt außer Atem, man spielt dem anderen vor, wie begehrenswert er für einen wäre und gibt alle Zeichen, dass man bereit ist, genommen zu werden. Es ist im Kopf, im Körper, in der Musik. Wenn eine Frau mit einem Typen, der was davon versteht, so richtig tanzt, dann ist das wie …

Mann: »…«
Frau: »Was ist denn so schlimm daran?«
Mann: »…«
Frau: »Es ist doch nichts dabei, wenn ich auch mal meinen Spaß habe.«
Mann: »…«
Frau: »Soll ich vielleicht so trübsinnig herumsitzen wie du?«
Mann: »Ich gehe nach Hause, du kannst ja weiter deinen Spaß haben.«
Müßig zu sagen, dass man natürlich *nicht* bleibt, sondern mit nach Hause geht.

Zu Hause angekommen unternimmt sie einen Versuch, den Abend noch zu retten, indem sie seine Lieblingssongs einlegt und sich an ihn heranschrubbt, das kreisende Becken in seine Richtung platziert und lockende Bewegungen macht. Der Mann – glücklich über den Umstand, dass keiner in der Nähe ist, der die ersten Tanzversuche kommentieren könnte – folgt zaghaft der Einladung:

»Siehst du, tanzen kann jeder, es ist gar nicht so schwer.« Die Antwort geht in einem Tanz der Zungen unter … Seufz … Männer wollen wirklich nur das Eine … aber wir wollen vorher noch tanzen …

… während man selber mit drei linken Füßen auf seinem Platz klebt und vor Minderwertigkeitsgefühlen vergeht. Und dann kommen sie zurück. Die Süße mit roten Wangen voller Leben und der Gockel siegesbewusst vorbeistolzierend und sie anstrahlend. »Ich komme wieder.«

Man selbst wird nur mit einem mitleidsvollen Lächeln bedacht und beide wissen, er wird seine Drohung wahr machen.

Es gibt Männer, die nehmen nach so einem Schock heimlich Unterricht, nur um beim nächsten Mal diesen gelackten Frauenentführern sagen können: »Verpiss dich, wenn einer mit meiner Frau tanzt, dann bin ich das selber.«

Und ganz ehrlich, nichts liebt eine Frau mehr, als mit ihrem eigenen Mann zu tanzen. Sie mag sie nämlich auch nicht, diese Lackaffen, die den eigenen Mann schlecht aussehen lassen. Sie liebt und diese Liebe will sie zeigen. Ihm. Nur ihm. Der es all die Jahre an ihrer Seite aushält. Ihm will sie wenigstens für eine Nacht zeigen, dass sie außer der Mutter, der Putzfrau, der Köchin und der vom Alltag ausgelaugten Frau auch noch eine Göttin ist. Was eignet sich besser dazu, als zu tanzen. Mit dem eigenen Partner zu tanzen ist für eine Frau ein Geschenk des Paradieses.

Dies alles schreibt übrigens ein *ehemaliger* Nichttänzer. Denn morgen melde ich mich an. In einem Tanzstudio. Denn ich will auch meine Lust und Freude raustanzen. Ich will auch zur überschäumenden Energiequelle werden und mich von diesen blöden Begrenzungen befreien. Und wenn ich dabei eine schlechte Figur mache? Ist mir doch schnuppe. Immer noch besser als den ganzen Abend im Hohlkreuz an der Theke zu stehen und eifersüchtig auf die Tanzfläche zu stieren. Mit Tanzen erobert man Herzen. Vor allem das der eigenen Frau.

Aber bitte nichts verraten. Es soll eine Überraschung werden.

Eifersucht

Männer kriegen oft nichts mit – besonders in großen Räumen mit vielen Menschen sind ihre Möglichkeiten begrenzt. Der Unterschied zwischen Männchen im Dschungel und Männchen im Ballsaal ist ja auch gravierend …

Unser intuitives Gefühl hingegen passt sich den veränderten Umständen sofort an. Weibliche Intuition ist sowieso ein untrügliches Mittel, um festzustellen, wer in unserem Umfeld eine potenzielle Gefahr darstellt. Da wir als Nesthüterinnen darauf ausgelegt sind, seismographisch jegliche Gefühlsveränderung in unserem nahesten Umfeld wahrzunehmen und zu deuten, können wir, wenn wir einen Raum betreten, in Sekundenschnelle sehr präzise ein Psychogramm jedes Einzelnen erstellen. Besonders das der Weibchen, deren Augen verdächtig aufblitzen, wenn wir mit *unserem* Besitz (Mann) den Raum betreten.

Denn sofort ändern die Weibchen im Raum ihre Körperhaltung und präsentieren ihre sekundären Geschlechtsmerkmale. Sie atmen ein, um die Körbchengröße unübersehbar in den Mittelpunkt der Aufmerksamkeit zu rücken. Der arme Idiot, mit dem sie sich bis dato unterhalten hatten, und der ihnen, in der Hoffnung, sie im Gegenzug dazu abschleppen zu können, die Drinks ankarrte, (Männer sind ja so einfallsreich!), hat sich in Sekundenbruchteilen zum Loser entwickelt.

Er merkt gar nicht, wie schnell er abserviert wird und versucht, eine oberflächliche Konversation am

Eifersucht

Das mit der Eifersucht ist so eine Sache. Hat man zu viel davon, behaupten Frauen, man würde ihnen das Leben zur Hölle machen. Hat man zu wenig davon, glauben Frauen, man würde sich nicht für sie interessieren.

Bei der Eifersucht kommt es also sehr genau auf die Dosierung und den Zeitpunkt an. Manche Eifersuchtsattacken sind nämlich durchaus erwünscht oder sogar von langer Frauenhand vorgeplant, andere dagegen scheinen Frauen nur lästig zu sein. (Meist dann, wenn wirklich was dran ist.)

Wann aber ist der richtige Zeitpunkt? Wann ist es für ein zart besaitetes Frauengemüt zu früh *(Warum willst du im Bett was Neues ausprobieren? Von wem hast du das?)*, wann ist es wesentlich zu spät *(Wenn sie immer sofort den Telefonhörer auflegt? Wenn sie die Koffer packt? Wenn sie eine neue Telefonnummer hat?)*, wann lässt es Frauen vor Stolz erstrahlen *(»Du bist ja so süß«)*, und wann treibt es sie schlichtweg nur zum Wahnsinn?

Es gibt keine eindeutige Antwort. Manche Frauen lesen an der Eifersucht ihrer Männer nämlich die Liebesfähigkeit und Lebendigkeit der Beziehung ab, andere sehen darin nur mangelndes Vertrauen. So, und damit muss ein Mann nun klarkommen. Einfach nur zu fragen geht ja schlecht. »Möchtest du jetzt, dass ich eifersüchtig reagiere, Schatz, oder soll ich dich einfach nur so vom Wochenendurlaub mit deinem Arbeitskollegen abholen?«

Eins ist jedenfalls sicher. Zu wenig ist genauso schlecht wie zu viel. Wie also reagieren, wenn sie zum Geschäfts-

Laufen zu halten, während das fliehende Auge seiner Nicht-Zuhörerin genau registriert, wo das neue Objekt der Begierde hinsteuert.

Unser Superman hat glücklicherweise gar nicht bemerkt, dass sich die Hormonlage im Raum deutlich verändert hat. Er steuert nichtsahnend mit den charmanten Worten: »Ich habe Hunger« auf das Büffet zu. Während man es gerade noch schafft, dem Kellner Bescheid zu sagen, dass man lieber Rotwein als Weißwein haben möchte, hat sich auch schon eine Natter den Weg dahin gebahnt und versucht zwischen getrüffelten Steinpilzravioli und Lachscarpaccio das Augenmerk von Superman zu erhaschen. Höflich balanciert Mister »Objekt des Abends« ein paar Nudeln auf den Teller von Miss »Natter«. Diese lacht quietschend auf, wirft ihr Haar zurück und balanciert den Teller hin und her, um mit Schulmädchenstimme »Danke« zu hauchen. Um nicht den Anschein zu geben, dass man vielleicht eifersüchtig sein könnte (Neeiiin, wieso sind Steinpilze eigentlich nicht giftig???), tänzelt man leicht wie eine Elfe zum Eigentum, lächelt Miss Natter an und fragt unmissverständlich: »Schatz, kannst du mir auch ein paar Ravioli drauftun?« Schatz bemerkt die Lage natürlich nicht und sagt ganz charmant: »Hier ist der Löffel.« Miss Natter dreht sich lächelnd um und geht Arsch wackelnd von dannen, während Schatz fragt, warum ich mich denn plötzlich in ein hilfloses Weibchen verwandelt hätte und die Sachen vom Büffet nicht selbst holen könnte. Auf den Hinweis, ob er denn nicht gemerkt hätte, was die »Miss-One-Night-Stand« vorgehabt habe, reagiert Schatz nur mit einem ratlosen Achselzucken und geht zum Tisch. Die nächste Attacke von »Miss-hab-fast-nichts-an« lässt nicht lange auf sich warten. Diesmal rammt man ihr beim Aufstehen »aus Versehen« den Stuhl in den Magen. »Oh Gott, das tut termin den Tanga anzieht, während sie daheim nur Baumwolle trägt? Wenn sie sich besonders schön macht, während sie zu Hause nur Lockenwickler spazieren führt? Bei einer Freundin übernachtet, und zwar bei der, die man noch nie leiden konnte, und sie dort auch telefonisch nicht zu erreichen ist?

»Männer mit *viel* Eifersucht haben meist *ein dickes* Problem mit sich selbst, mein Süßer.« Na super. Nichts Neues. Ich meine, welcher Mann hat schon kein Problem mit sich selbst? Vor allem, wenn der Rock viel zu kurz ist, und der neue Arbeitskollege, von dem sie immer öfter erzählt, wie George Clooney aussieht und man weiß, dass Besitz, vor allem kostbarer, gerne gestohlen wird.

mir aber leid!«, und Schatz hilft der taumelnden Tussi noch auf die Stöckelschuhe! Männer haben wirklich einen Tunnelblick! Damit dieser Tunnelblick aber nicht auf der Zielgeraden zwischen Körbchengröße D landet, legt man die zu Boden gefallene Serviette darauf, mit den Worten: »Hier zieht es sehr.« Doch »Miss-heute-gehe-ich-nicht-alleine-ins-Bett« lässt sich nicht beirren und lässt die helfende Hand vom »Objekt der Begierde« natürlich viel später los als schicklich wäre, quietscht höchst beglückt in den höchsten Tönen und sieht voller naiver Hoffnung ein Licht am Ende des Tunnels. Das einzige Licht, das man sieht, ist, dass Schatz nicht so lange bleiben wird, um noch eine Attacke mitzubekommen, denn gesellschaftliche Zusammenkünfte sind nicht seine Lieblingsbeschäftigung.

Männer haben aus der prähistorischen Zeit unter anderem folgende Fähigkeit mitgebracht: Sie scannen im Raum erst mal mögliche Fluchtwege. Diese Fähigkeit kommt Schatz sehr entgegen, denn eigentlich will er ja gar nicht lange bleiben. Der in Frage kommende Fluchtweg ist schon angepeilt, da flötet eine Stimme hinter ihm: »Sie wollen doch nicht schon gehen?« (*Man würde ihr am liebsten gleich was auf die aufgespritzten Lippen donnern.*) Schatz antwortet: »Ja, ich muss morgen früh raus, aber meine Frau bleibt ja da«, drückt einem einen Kuss auf den Mund und entschwindet durch den Notausgang. Ich lächle »Miss Silikonbusen« großzügig an und mische mich unter die Menge.

Später, als Supermans Frau erschöpft vom Verteidigen des Eigentums zu ihm ins Bett krabbelt, wacht er auf, dreht sich um und fragt:

»Hattest du einen schönen Abend, Schatz?«

Manche Frauen genießen es, ihren Partner wieder auf diese Weise auf Vordermann zu bringen. Und weil es so gut funktioniert, setzen Frauen diesen Trick von Zeit zu Zeit immer wieder mal ein. Aber was, wenn es kein Trick ist? Das ist ja der Trick, dass man nie weiß, woran man ist, sonst könnte man sich doch grinsend zurücklehnen.

Männer hassen es, sich zum Affen zu machen, aber sind glücklich, ihre Liebste wieder unversehrt im Arm zu halten.

Und was macht man, wenn man seine Eifersucht losgeworden ist?

Das ist auf der einen Seite prima, man vertraut sich. Auf der anderen Seite wollen Frauen aber spüren, dass sie geliebt werden. Für Frauen ist – wie gesagt – Eifersucht auch ein prima Ablesesystem. Ein bisschen davon zeigt ihnen, ja, ich beschütze dich, ich passe auf, ich habe mich für dich entschieden, und ich begehre dich noch immer und ich weiß durchaus, wie anziehend du auf die ganze Welt wirkst.

Eifersucht – natürlich sanft dosiert – ist also meist dann gut, wenn es beide gut finden. Wenn es sie näher zusammenbringt, wenn es sie schmunzeln lässt. Wenn sie sich in den Arm nehmen, weil sie spüren, wie sehr sie füreinander bestimmt sind.

Eifersucht ist dann richtig eingesetzt, wenn sie dich grinsend und voller Stolz fragt: »Du bist ja eifersüchtig? Hihihimmmpppfff.« Und man kopfschüttelnd antwortet: »Nöööö, ach was.« Und beide lachen müssen, weil sie es besser wissen.

Ein bisschen also JA, ein bisschen viel also NEIN. Frauen lassen sich nämlich gerne erobern. Vor allem vom eigenen Partner.

Dessous

Lustigerweise haben Studien über das Sexualverhalten der männlichen Tierwelt herausgefunden, dass ein Männchen nur bis zu fünf Mal über dasselbe Weibchen steigen kann, beim sechsten Mal erlahmt es. Wenn man ihm aber ein neues Weibchen zuführt, ist es sofort wieder paarungsbereit.

Tja, was will man uns damit sagen? Könnte das die Antwort auf den Bedürfniskatalog der Männer sein, dass wir Geliebte, Hure, verspieltes Kätzchen, romantische Jungfrau und fauchende Tigerin für sie sein sollen? Männer brauchen Abwechslung? Sollen sie haben!

Frisch geduscht und parfümiert, die Bikini-Zone entsprechend vorbereitet (Aua!! Welcher Sadist hat das erfunden?), macht man sich also auf den Weg in Richtung Dessous-Laden. Selbstverständlich die einschlägigen Anzeigen vor Augen, wo Top-Models mit glutvollem Blick und olivfarbener Haut die reine Sünde am perfekten Körper tragen – natürlich ohne ein Gramm Fett zu viel auf den Hüften.

Bereits beim Eintritt in das Geschäft mustert mich (die schon das Haltbarkeitsdatum überschritten habende) Verkäuferin mit verdrießlichem Blick, und sagt dann: »40?«

»Ich bin nicht 40«, sage ich.

»Ich meine die Größe, nicht Ihr Alter«, sagt Rumpelstilzchens Mutter.

»Ich dddaaachte, ich hätte Größe 36?«, stottere ich.

Dessous

Dessous ist dieses eine Teil, das sie besitzt und das man beim ersten Date zu sehen kriegt, damit man glaubt, sie hätte noch mehr davon.

Dessous ist das, was im Alltag viel zu unbequem ist und »wir beide haben doch jetzt Alltag, Schatz«.

Dessous ist das, was sich in ihrer Schublade hinter Bergen von Baumwollsegeln versteckt und so klein ist, dass man es nie wieder finden wird.

Dessous ist das, was Frauen selten anziehen, weil es sonst nur zum Sex führen würde.

Dessous ist das, was Männer sehr verunsichert, wenn es nicht mehr in der Schublade liegt und Schatzi es zum Geschäftstermin trägt.

Dessous ist das, was man zu sehen bekommt, wenn sie ein schlechtes Gewissen hat.

Dessous ist das, was man seiner Liebsten auf keinen Fall schenkt, weil man befürchtet, dass sich auch noch der Nachfolger daran erfreuen wird.

Dessous ist das, was man seiner Liebsten auf gar keinen Fall schenkt, weil sie dies doch nur als plumpe Aufforderung zu mehr Sex verstehen und dies nur im Krach enden würde.

»Nicht bei diesem Becken«, lässt sie verlauten und öffnet ein paar Schubladen.

Schluck, das sitzt. Verunsichert verschanze ich mich in der Kabine und ziehe zarte Spitzen-Teile über meine normale Unterwäsche. Die Oberbeleuchtung der Kabine schmeichelt allem, besonders meinen Dellen an den Oberschenkeln, aber nicht der Optik der Unterwäsche. Da stehe ich nun – eine doppelt verpackte Mettwurst – und versuche ein sexy Gefühl aufkommen zu lassen. Meine Verführungsfantasien werden durch das Aufreißen des Vorhanges jäh unterbrochen:

»Und? Wie passt es?«, ruft die Verkäuferin in einer Lautstärke, die eine Fußball- Arena zum Erschüttern bringt. Alle im Laden drehen ihre Köpfe zu uns herüber. Hektisch versuche ich meinen Körper zu bedecken und murmele nur: »Könnte ich noch etwas anderes sehen?«

Verbittert (wahrscheinlich haben bei ihr die Dessous damals nicht mehr geholfen) öffnet sie lautstark noch andere Schubladen, um mir zuzurufen: »Wie wäre es mit einem String-Tanga«? »Wenn es hilft«, piepse ich zurück, um gleich vor Scham im Boden zu versinken. Meine Kopulierbereitschaft ist auf ein Minimum gesunken, und ich frage mich, warum ich nicht bei den Quäkern geboren wurde. Die haben nur Sex, wenn sie ein Kind zeugen wollen. Die Rechnung ist ganz einfach: Zwei Kinder = zweimal Sex im Leben. Die *quäkern* sich sicher nicht in irgendwelche zwickenden und scheuernden Minimal-Teilchen, um ein wenig Abwechslung zu haben. Ich streife also weitere Wäsche über und entscheide mich für ein besonders sexy Ensemble. Um diese Erfahrung nicht noch einmal mitmachen zu müssen – ab heute verstehe ich Katalogbestellungen –, nehme ich noch eine Hand voll anderer

Dessous ist dieses Teil, das amerikanische Schauspielerinnen Tag und Nacht und in jedem Film tragen, um ihre Fangemeinde bei der Stange zu halten.

Teilchen mit. Die Verkäuferin schiebt mich zur Kasse, wo ich beim Anblick der Kostenentwicklung in Ohnmacht falle. Eine Hand voll Dessous kostet ein Vermögen! Durch den Materialverbrauch kann das sicher nicht gerechtfertigt werden ... wahrscheinlich werden die alle in Polen von Müttern in Heimarbeit genäht, die vorher Krabben gepult haben, für 30 Cent die Stunde, und wir werden hier ausgenommen wie Weihnachtsgänse. Ich schlucke den Frust hinunter und verlasse mit einer hübschen, winzig kleinen Papiertasche und einem Inhalt im Gegenwert eines Kleinwagens die holden Hallen. Irgendwo von hinten höre ich ein strenges: »Na, passt es?«, und sehe das nächste Opfer direkt vor meinen Augen. Tja, warum sollte es nur mir so ergehen?

Zu Hause angekommen gönne ich mir meine Lieblingsschokolade, um mich nervlich darauf vorzubereiten, wie ich Schatz erklären soll, dass ich unser Geld nicht in Immobilien angelegt habe, sondern in sündiger Unterwäsche. Ich glaube, da wird mir schon was Hübsches einfallen ...

Dessous ist dieses nicht existierende, frei erfundene Teil, das scheinbar nur Models an gigantisch großen Hauswänden tragen, wenn sie Männern ein Auto oder ein Parfum verkaufen müssen.

Dessous ist eine Erfindung der Stoffindustrie, um für möglichst wenig Ware möglichst viel Geld zu verlangen.

Dessous ist dieses Teil, das Frauen gerne verstecken, wenn sie wissen wollen, ob ihr Kerl sie auch noch so begehrt.

Dessous gibt es gar nicht. Genauso wenig wie eine wirklich funktionierende Diät. Und dennoch fallen wir Männer immer wieder darauf rein.

Streiten

Frau: »Was hast du denn?«
Mann: »Nichts, was soll ich denn haben?«
Frau: »Ich weiß nicht, du bist so ...«
Mann: »Wie bin ich denn?«
Frau: »Du hast doch was!«
Mann: »Ich habe NICHTS!! Aber gleich hab ich WAS!!!«
Frau: »Klar hast du was, sonst würdest du nicht so schreien!«

Intuitiv spüren wir Frauen den leisesten Missmut des Mannes. Seismographisch wird jegliche Regung des Göttlichen aufgezeichnet und ausgewertet. Selbst wenn gar nichts los ist, hören wir die Flöhe husten. Das ist ein deutliches Indiz unserer sozialen Kompetenz! Wir *müssen* in jedem Augenblick wissen, wie es unserem Liebsten geht. Er kann nicht einfach nur still Zeitung lesen, nein, er soll sich in erster Linie »wohl fühlen« und dann Zeitung lesen. Damit sich unser Liebster wohl fühlt, nehmen wir viel in Kauf: Wir machen das Frühstück, decken den Tisch, zünden Kerzen an (wahlweise Duftlampen, Räucherstäbchen), wir verbreiten gute Laune durch Anteilnahme am Leben unseres Liebsten und sind stocksauer, wenn er es nicht bemerkt.

Wie Sie wissen, haben Männer ja den viel gerühmten »Tunnelblick«. Das ist gleichbedeutend mit: »Sie bringen alles ganz schnell und zielorientiert auf den Punkt«. Keine Umwege, kein Zeitverlust, höchste Ef-

Streiten

Ein Streit mit einer Frau ist genauso ungerecht verteilt wie der Sex in der Partnerschaft.

Männer kommen schnell in Fahrt, kochen über und sind dann schlagartig erschöpft.

Und dann wollen sie sich ganz schnell wieder versöhnen. Am besten mit Sex.

Bei Frauen baut sich die Gewitterfront langsam auf. Zuerst merkt man gar nicht, dass man sich bereits in einem heftigen Streit befindet. Bei Frauen entwickelt sich zuerst so eine seltsame Atmosphäre, irgendetwas stimmt nicht, aber man wagt nicht zu fragen, weil man befürchtet, dass sich diese seltsame Atmosphäre dann mit einem Schlag über einem entladen könnte. Und gerade weil man nicht fragt, bewölkt sich die Wohnung immer mehr. Irgendwann kommt dann die erste *harmlose* Frage. »Du scheinst ja prächtiger Laune zu sein.«

Der Knaller ist aber nun, dass genau jetzt in diesem Moment prächtige Laune vollkommen unangebracht ist. Prächtige Laune ist das Fatalste, was man in diesem Moment haben kann. Man tut also erst mal so, als hätte man ein tierisch schlechtes Gewissen, nimmt eine sichere Kauerstellung ein und schaut sich vorsichtig nach verloren gegangenen Socken um. Man wird jedenfalls lange nicht erfahren, welchen Fehler man gemacht haben soll. Denn wenn Streit ansteht, schließen sich Frauen wochenlang ein, werden seltsam wortkarg und lassen ihren Typen kräftig im eigenen Saft schmoren.

Männer dagegen kommen nach Hause, knallen die Tür ordentlich zu, damit alle wissen, was die Turmuhr gefektivität. Der Blick ist auf das für sie Wesentliche gerichtet, wobei sie die vielen kleinen Liebesbeweise, die am Wegrand für sie bereitstehen, nicht bemerken. Ein schön gedeckter Tisch wird von ihm lediglich nach der Zeitung abgesucht, und das bringt uns auf die Palme! Wir wollen beachtet und geliebt werden, nicht nur, wenn er seinen Tunnelblick in Richtung Bett schweifen lässt.

In solch einer Situation wird die Luft zunehmend dicker und dicker, bis die Spannung im Raum unerträglich wird – Monsieur hat immer noch nichts bemerkt. Wie denn, hinter seiner Zeitung! Jetzt platzt uns der Kragen. Schatzi wird die Zeitung entrissen – er schaut uns mit ungläubigen Augen an: »Was soll das?«

Jetzt gilt es tief einzuatmen und dann loszulegen :

»NIE bemerkst du, wie liebevoll ich den Tisch gedeckt habe. IMMER musst du deine Zeitung lesen. NIE hast du mal Zeit für mich. IMMER beschäftigst du dich mit etwas anderem. NICHTS kann ich dir recht machen. IMMER bist du bis spät in die Nacht am Arbeiten. NIE erleben wir mal was Schönes zusammen. NIE kochst du was für mich. NIE gehen wir schön aus. NIE nimmst du mich zu deinen Aktivitäten mit. IMMER muss ich dir hinterherhecheln und dir deine Sachen bringen. NIE kümmerst du dich mal um MEINE Wünsche. Und ÜBERHAUPT!!! DU EGOIST!!!«

Stille.

Schatzi ist von dem Gewitter doch etwas überrascht, was man daran merkt, dass sein Mund noch offen steht. »Aber, aber,« stammelt er, »ich habe doch nur ganz in Ruhe meine Zeitung gelesen.«

schlagen hat und brüllen los. Sie brüllen natürlich nicht den an, den sie eigentlich meinen, sondern immer nur den, der gerade in der Wohnung ist. Und wenn die Frau beim ersten Türenknallen nicht reagiert, knallen sie auch noch die nächste, bis sie endlich anspringt.

»Sag mal, spinnst du jetzt komplett?« Endlich haben sie ihr Opfer gefunden und können loslegen. Männer sind da nie zurückhaltend. Alles, was sie sich im Büro nicht zu äußern getraut haben oder der dämlichen Politesse unter die Nase reiben wollten, wird nun so unmissverständlich vorgetragen, bis das ganze Viertel Bescheid weiß. Wenn sie dann ihre Meinung kundgegeben haben, war's das auch schon. Dann kann man sie vollkommen friedlich auf dem Sofa sitzen sehen oder am Tisch auf das Essen wartend.

Frauen dagegen hüllen sich in beleidigtes Schweigen. Frauen streiten schon schweigend. Und es dauert mitunter Wochen, bis der Streit endgültig ausbricht – dann aber mit tosenden Urgewalten –, und Monate, bis er wieder vorüberzieht.

Männer erinnern sich am nächsten Tag meist gar nicht mehr an den Auslöser, da sind Frauen noch immer wochenlang sauer.

Manchmal hofft man ja diesen seltsamen Kalten Krieg vorzeitig beenden zu können.

Aber keine Chance. Frauen haben ihr Timing beim Streiten und daran halten sie sich.

Stellt man zum Beispiel in dieser kritischen Zeit eine versöhnliche Frage, stellen sie sofort eine provokante Gegenfrage.

Vorsichtig vortastender Mann: »Was ist denn mit dir, Schatz?«

Eingeschnappte, augenverdrehende Frau: »Wer will das schon wissen?«

Jetzt gibt es zwei Möglichkeiten. Entweder man schmeißt mit Geschirr (was auf die Dauer zu kostspielig ist) oder man läutet Phase 2 ein (was bedeutend effektiver ist).

Ich meine hallo, man sitzt ihr gegenüber, niemand sonst im Raum, nicht einmal die Katzen, und sie fragt einen, wer sie das fragt.

»Ich«, sagt man zaghaft.

»Seit wann interessierst du dich denn für mich?«

Spätestens jetzt weiß der Mann, dass es gar nicht um ihn geht.

»Schon immer, Schatz, ich hab dich doch so lieb.«

»Und warum zeigst du mir das dann nie?«

Spätestens jetzt weiß der Mann, dass ihre schlechte Laune nicht im Geringsten etwas mit ihm zu tun hat, er es aber trotzdem ausbaden wird. Also bringt er schon mal den Müll raus.

Manchmal tarnen Frauen aber auch ihren Unmut. Dann setzen sie sich lächelnd neben einen, streicheln einem übers Haar, dass einem ganz anders wird, küssen einen auf die Wange und sagen in einem harmlos netten Ton. »Schatz, lass uns doch mal über die Beziehung reden.«

Bei diesem Satz legen wir Männer natürlich sofort die Ohren an, weil wir wissen, dass wir nicht unbeschadet aus

Phase 2:
Wir verlassen wortlos, aber mit erhobenem Haupt das Zimmer und schließen uns im eigenen Zimmer (wahlweise im Bad, der Toilette oder im begehbaren Kleiderschrank) ein.

Die Tür wird selbstverständlich geräuschvoll geknallt und abgesperrt, schließlich wissen wir, wie wir unser eigenes Klischee zu bedienen haben! *Wehe*, Schatzi lässt uns zu lange sitzen und folgt uns nicht!!! Denn jetzt muss er natürlich *sein* Klischee bedienen und vehement an die Tür klopfen, uns teure Geschenke versprechen und geloben, es *nie* wieder zu tun (wobei Schatzi eigentlich nicht genau weiß, was er genau getan hat) aber egal, weiter im Text …

Schatzi muss sehr, sehr lange an die Tür klopfen und uns endlich das versprechen, was wir am meisten brauchen: Liebe und Anerkennung für unsere Leistung im Haushalt, für die Kinder, die Buchhaltung, das Brutto-Sozial-Produkt, die Umsätze in den Dessous-Läden (wahlweise Schuh- und Taschenläden), die Verständigung zwischen den Völkern, den Golf-Club, die Terminplanung, den Mieterverein … Und dann, wenn die Tür langsam geöffnet wird, muss unser Ritter vom weißen Pferd absteigen, auf den Knien zu uns kriechen und uns um Verzeihung bitten. Diese Gunst des Verzeihens erweisen wir je nach Schwere des Vergehens nach drei Tagen, nach drei Stunden oder nach drei Minuten.

Der Ritter kann von Glück sagen, wenn die Verachtung, die ihm jetzt entgegenschlägt, nur drei Minuten dauert und nicht unfassbare drei Tage. Sonst weht ein kalter Wind im Haus. Manchmal sieht man mitten im Sommer völlig durchgefrorene Männer beim Glühwein sitzen. Aber das hätten sie sich früher überlegen sollen!!

so einem Gespräch hervorgehen werden. Über »Die-Beziehung-Reden« ist für Frauen nämlich nur ein Synonym für »Jetzt-sag-ich-dir-mal-was-mir-alles-an-dir-nicht-gefällt«.

Beim so einem Streit – es wird einer werden, das garantiere ich Ihnen schon jetzt – benutzen Frauen gerne Worte wie »nie – immer – ständig – dauernd – unentwegt – von Anfang an – jedes Mal – da kann ich sagen was ich will – an mich denkst du dabei gar nicht – du machst ja nie was – ganz typisch für dich – man hat mich ja vor dir gewarnt – … und überhaupt«.

Wenn endlich irgendwann »und überhaupt« fällt, hat man das Schlimmste überstanden. »Und überhaupt« bedeutet: »Mir fällt nichts mehr ein, aber es gäbe noch Tonnen von Dingen, die ich dir nur zu gerne an den Kopf schmeißen würde, wenn ich sie schon jetzt wüsste, mein Lieber.«

Es gibt noch einen Unterschied beim Streit zwischen Männern und Frauen. Während Männern es egal ist, wen sie anschreien, Hauptsache, diese Person wehrt sich nicht, meinen Frauen auch ihren Kerl. Und sind dann Jahre später, wenn alles wider Erwarten wieder beigelegt ist, auch noch stolz darauf, dass ihr wundervoller Typ ihre ganzen Launen aushält.

Männer halten Streit für notwendig, um Dinge zu klären, – das musste ja schließlich mal gesagt werden –, Frauen dagegen zergehen in Schuldgefühlen, ihren Partner als Blitzableiter benutzt zu haben. Das ist dann meist der Moment, wo es doch mal wieder Sex gibt.

So gesehen ist gegen Streit von Männerseite also eigentlich wenig einzuwenden. Schließlich wollten wir doch immer nur dorthin. In die Arme unserer Süßen.

Das musste doch schließlich mal gesagt werden. Und überhaupt …

Sätze, die Frauen hassen

Wie siehst du denn aus?

Wer sind *Sie*? (Nachdem man vom Friseur zurückgekehrt ist.)

Hast du was aufs Auge bekommen? (Nachdem man einen neuen Lidschatten ausprobiert hat.)

Diese Hose macht einen fetten Hintern.

Mach du das mal, du kannst das viel besser.

Du musst dich nicht schminken, es ist dunkel draußen.

Muss ich mit zu deiner Mutter?

Das mach ich später.

Deine Freundin ist aber süß.

Was gibt's zum Essen?

Wie war ich?

Sätze, die Männer hassen

Ich habe Kopfschmerzen.

Wir haben doch letzte Woche schon.

Kommst du mit shoppen?

Mach doch auch mal was im Haushalt.

Es war auch so schön für mich. (Sie ist also nicht gekommen.)

Du könntest auch mal was anderes anziehen.

Liebst du mich überhaupt noch?

Woran denkst du gerade?

Findest du, ich bin zu dick?

Meine Mutter kommt morgen.

Das Spiel ist zwei zu null ausgegangen.
Hab ich im Radio gehört.

Du hast doch was …

Was ist Abseits?

Wo warst du?

Rollenverhalten

Knaben, Jungs, Männer – alle wurden von ihren Müttern zu kleinen Prinzen erzogen. Weil die Frauen sich auf diese Art und Weise seit Generationen selbst in den Rücken fallen, ist es so besonders schwer, einen erwachsenen Mann dazu zu bringen, sich *nicht* so zu verhalten, wie man es ihm in der Kindheit beigebracht hat. Wenn die liebe Mama alles übernimmt – das Hemdenbügeln, das Waschen, das Kochen, das Staubsaugen, und noch vieles Schönes mehr – wie haben wir Ehefrauen denn dann eine Chance auf Gleichberechtigung?

In den Genen der Männer und Frauen steckt seit Millionen von Jahren ein Urzeit-Programm. Aber wie soll man denn bitte den »Sender« wechseln, wenn die Fernbedienung immer noch die liebe Mama in der Hand hat? Was sind dann die so genannten »Karriere-Frauen«? Eine neue Art? Manchmal verhalten sich Männer tatsächlich so, als ob sie die Begegnung der dritten Art hätten, wenn sie einer starken Frau gegenüberstehen – da kommt sofort ein anderes Urzeit-Programm zum Tragen: Der Fluchtmechanismus.

Seit Jahrmillionen kämpfen wir ums Überleben, und wenn es dann endlich nach all der langen Mühsal ums LEBEN geht, dann jammern die Männer, dass sie die Windeln ihrer Nachkommen wechseln müssen. Was heißt das denn genau? Das Verhältnis zwischen Windeln wechselndem Mann und Windel wechselnder

Rollenverhalten

Seit 3000 Jahren und bis vor 50 Jahren, also seit Jahrtausenden bis gerade eben, wären Frauen niemals auf die Idee gekommen, Männer dazu aufzufordern Wäsche zu waschen, zu kochen oder über ihre Gefühle zu reden. Seit Urgenerationen wussten Frauen, wie sie Männer anzusprechen hatten und welche Themen sie auf jeden Fall meiden sollten.

Frauen waren stark und selbstbewusst. Sie hatten ihr eigenes Hoheitsgebiet, in dem kein Mann der Welt etwas zu suchen hatte. Frauen waren einfach schon sehr früh sehr klug. Und weil sie damals klüger waren als Männer und ihrer Zeit weit voraus, erzogen sie die Männer zum richtigen Verhalten.

Kam zum Beispiel ein Mann in die Küche, wurde er sofort wieder mit lautem Getöse hinausgeworfen. Den Frauen gefiel das. Sie freuten sich, ein Gebiet zu haben, das ausschließlich ihnen alleine gehörte. Die dampfenden Töpfe und Pfannen mit all den himmlischen Gerüchen waren ausschließlich ihre Abteilung. Verirrte sich ein Mann zum Beispiel in die Waschküche, wurde er mit harter Wortwahl zurechtgewiesen. Manchmal wurde er auch mit nasser Wäsche erschlagen. Überlebt haben jedenfalls nur die Männer, die sich dem Willen der Frauen fügten und nicht in ihr Hoheitsgebiet hineinpfuschten.

Dieses Verhalten hat sich eingegraben. Tief in das Unterbewusstsein der männlichen Spezies. So sind Männer aufgewachsen. So wurden sie erzogen.

Letztendlich waren es für Frauen paradiesische Verhältnisse und alle waren damit glücklich. Bis gerade eben

Frau ist immer noch 1:100. Männer machen nur viel mehr Tamtam daraus, wenn sie es tatsächlich geschafft haben (ohne auf den Teppich zu kotzen), das muss dann auch gleich in der Tagesschau berichtet werden.

Während wir, gerade frisch gestylt, zur Haustür hinauswollen, um einen wichtigen Termin wahrzunehmen, macht ein bis zum Hals vollgeschissenes Kind »winke, winke«.

In diesem Augenblick steht der Mann in der Tür und rührt keinen Finger.

»Danke für deine Hilfe, Schatz« knirscht man zwischen den Zähnen.

»Ich habe heute schon Windeln gewechselt« kommt die triumphierende Antwort.

»Dann kannst du ja jetzt die Hemden bügeln.«

Bei der Rückkehr findet man den Mann mit dem schlafenden Kleinkind auf dem Bauch auf dem Sofa liegend, Fernsehen schauend, mit Verbrennungen dritten Grades an der Hand vor.

Unser Mitleid und die Rührung überwältigen uns und wir beenden die Tortur des Hemdenbügelns für ihn. Was ein gravierender Fehler ist, denn ab jetzt wird beim bloßen Erwähnen der Idee, er könnte mal wieder bügeln, die Erinnerung an die Qual und den Schmerz der Verbrennungen dritten Grades hochgeholt und man findet sich tatsächlich die nächsten Jahre selber bügelnd wieder.

Männer sind sehr erfinderisch, wenn es darum geht, die Rolle der Frau immer wieder zu bestätigen. Ihre eigene Rolle nehmen sie dabei mit einer großen Hingabe wahr.

Mann: »Schatz, kannst du mir die Zeitung/Bier/Hausschuhe bringen?«, oder »Meine Schuhe sind sehr noch spielten Jungs mit der Eisenbahn, Mädchen mit Puppen, denen sie die Windel wechselten und etwas Leckeres kochten. Jungs bekamen eine Autorennbahn, Mädchen eine kleine Kochstube.

Und dieses über Millionen Jahre gesund Gewachsene soll sich innerhalb von zwei Minuten *(geschichtlich gesehen)* völlig ändern? All das, was in den Männergenen, in jeder Zelle und tief im Ur-Ur-Urbewusstsein seit Jahrtausenden gespeichert ist, soll nun durch eine Frauenlaune mit einem Schlag gelöscht, neu formatiert und völlig neu programmiert werden?

Wissen Frauen nicht, wie viel Zeit es gebraucht hat, bis der Mensch vom Affen wegkam und zum denkenden Individuum wurde? Dekaden von Menschenleben! So etwas geschieht nicht von heute auf morgen.

Also liebe Frauen, gebt uns noch ein paar Jahrtausende. Wir sind lernfähig, und wir sind bereit uns zu entwickeln. Wir hören auch gerne auf euch, aber das braucht Zeit. So etwas geht nicht von jetzt auf gleich.

Vielleicht nehmen in baldiger Zukunft Männer Schwangerschaftsurlaub, langweilen sich zu Hause bei der Hausarbeit, kochen in der Mikrowelle aufgewärmte Schnellküche, gehen zu zweit aufs Klo und sind vielleicht auch irgendwann so weit, über ihre Gefühle reden zu können. Aber jetzt, zu diesem Zeitpunkt ist die Männergeschichtswelt noch nicht so weit. Männer wissen gar nicht, worüber Frauen eigentlich reden. Männer können es zwar hören, *(rein physisch)*, aber ihre Gene nehmen es gar nicht wahr. Das seelische Immunsystem arbeitet einfach auf vollen Touren dagegen.

Männer sind bereits viel zu ausgeprägt. Frauen würden sagen »verdorben«. Aber wer hat sie verdorben, meine Damen? Wer hat denn die ganzen Jungs erzogen?

staubig«, oder »Der Teppich ist ja voller Brösel« (auch immer gerne genommen), »Das Auto müsste wieder zum TÜV« – mit diesen subtilen Anmerkungen hoffen sie, dass wir »anbeißen« und die Sachen für sie erledigen. Was wir – konditioniert durch die Millionen Jahre Evolutionsgeschichte – leider auch tun.

Der Mann erfüllt seine Rolle naturgegebenermaßen. Er kann ja auch nur eine Sache zur gleichen Zeit tun, uns bricht unsere Multibegabung fast das Genick. Sollte er auch mal zur Abwechslung Dinge tun, welche angeblich »unserer« Rolle entsprechen, ist er gleich erschöpft.

In der einen Hand den Kochlöffel schwingend, das Kleinkind auf dem Arm – in der anderen Hand die Aktentasche und die Kalkulationen im Kopf. Wir springen zwischen vielen Rollen hin und her, während er nur in seiner Rolle herumspringt. Ob das wirklich gerecht verteilt ist? Bis *er* auch solche Gehirnwindungen bekommt wie wir, werden wohl doch Millionen von Jahren vergehen … seufz.

Eigentlich gibt es für die Erziehungswut von Frauen ein wesentlich besseres Zielgebiet als ausgerechnet den völlig eingeschüchterten Mann. Wo wird denn der erste Keim gelegt? Und wieso heißt das Sprichwort: »Was Hänschen nicht lernt, lernt Hans nimmermehr?«

Frauen sollten ihre ersten Erfahrungen also bei den Kindern sammeln.

Bestimmt wird es ein sehr spannendes Erlebnis für die ganze Familie, wenn auf dem Gabentisch statt der neuen Computerspiele-Konsole für den Sohnemann eine schnuckelige Kinderküche oder eine niedliche Puppe, die sprechen kann, liegt.

Hand aufs Herz, welche Frau glaubt, dass alles in bester Ordnung läuft, wenn der Sohn mit vierzehn Jahren artig mit Puppen spielt und stolz ist, der Barbiepuppe eine neue Frisur gegeben zu haben?

Und noch eine brennende Frage. Warum erziehen Frauen Jungs zu Männern, um dann Männer zu besseren Frauen zu erziehen?

Pornos

Wissen Sie, womit Sie einem Mann immer und überall Freude machen können? Tun Sie *alles*, was Sie tun müssen, jegliche Tätigkeiten im Haushalt, jegliche Schreibarbeiten, *nackt*.

Nackte Frauen erfreuen *grundsätzlich* des Ur-Zeit-Jägers Auge. Männer haben nun mal diese Programmierung in ihren Gehirnwindungen und lassen sich deshalb hauptsächlich über das Sehen erotisieren. Da sie auf weibliche Rundungen geeicht sind, erfreuen sie sich gerne an bunten, bewegten Bildern mit schwachsinnigen Dialogen und kopulierenden Pärchen. Infolgedessen blicken sie auch auf der Straße gerne halb bekleideten jungen Frauen nach, die sich genau dem angepeilten Zweck gemäß eingekleidet haben – damit der Jäger auf die Pirsch geht.

Zugegeben, im verheirateten Zustand wird dem Jäger die Pirsch geringfügig erschwert …

Früher, als es noch kein Internet gab, sondern nur die klappernden VHS-Kassetten, war es schwieriger, diese Vorliebe für die ganz besondere Entspannung mit so schönen Namen wie »Eingelocht« (Neeeiiin, das ist kein Film über das Golfen) nachmittags oder nachts zu verheimlichen.

Mit spitzen Schreien wurde dann das Auffinden des sündigen Materials publik gemacht und der »Sünder« musste dann, gedemütigt und ausgepeitscht, die komplette Sammlung vernichten.

Wie unklug! Die Haushaltskasse wurde durch die doppelte Anschaffung gehörig belastet – bis zum nächs-

Pornos

»Aber nein, Schatzi, natürlich nicht ... wie kommst du denn auf so was? ... Ich schau nie welche an. Und ja, aber klar doch, das Internet ist nur für berufliche Dinge, Schatzi ...Ja, natürlich bin ich da eine Ausnahme. In diesen Dingen bin ich überhaupt kein Mann. Da kannst du dich drauf verlassen. Warum sollte ich auch anderen beim Sex zusehen, meine Süße? Wo wir beide doch selber so ... na gut, jetzt nicht mehr so oft wie am Anfang, aber ... aber wenn, dann ... ist es einfach wahnsinnig ... Ja, ich weiß, Männer stehen drauf. Aber das sind andere Männer, ganz andere Männer, ganz sicher, Liebling. Pornos sind doch ... irgendwie ... ich meine, hey, die *spielen* das doch nur, die empfinden das gar nicht ... Ob ich? ... Du meinst, wenn es nicht gespielt wäre? ... Aber nein, wie kommst du denn auf so was? Natürlich würde ich nie anderen zusehen wollen, wenn sie es gerade treiben! ... Nein, auch nicht wenn die Tür zufällig aufstehen sollte ... Aber sicher, Schatz. Ich würde mich leise umdrehen und sofort weggehen. Was denkst du denn von mir? Ich bin doch kein Voyeur. Nein, wirklich. Ich bin glücklich mit dir ... und mir genügt, was wir ... Ja, ich weiß, dass sich manche Paare gegenseitig einladen und ... zusehen ... wie sie ... oder auch tauschen ... Ob ich schon mal an so was gedacht? ... Aber Schatz, ich bitte dich ... im Leben nicht ... an so was denke ich doch nicht ... Nein, ich beneide überhaupt niemanden ... Wie gesagt Schatz, in diesen Dingen kannst du ganz beruhigt sein, da bin ich überhaupt kein Mann ...Was ich machen würde, wenn du ...? Ob mir was gefallen würde? ... wenn du eine Freundin ... Welche Freundin denn? ...

ten spitzen Schrei. Und so geht es immer weiter und weiter. Gestattet sei eine kritische Randbemerkung. Ein ästhetischer Genuss sind diese Filme nicht unbedingt. Es gibt keine fantasievolle Handlung, keine geschliffenen Dialoge, keine romantische Musik – nur Großaufnahmen von Geschlechtsteilen und debil dreinblickenden Hauptdarstellern. Die Dialoge bestechen durch intelligente Sätze wie: »Oh, bist du gut!«, und: »Ja, ja, steck ihn rein.« Das Kneten der Brüste wurde zwischenzeitlich eingestellt, da es vermehrt zu Silikon-Unfällen gekommen ist.

Wenn das *tatsächlich* den Testosteronspiegel in die Höhe treibt, bitte.

Man braucht sich überhaupt nicht so aufzuregen, da ein Verbot nichts nutzen würde, denn dann hängen (pardon, stehen) alle vor dem Internet und surfen sich die Finger wund. Auch im Fernsehen kann man ab einer gewissen Uhrzeit nicht mehr damit rechnen, einen ordentlichen Film zu sehen. Die Porno-Industrie ist ein Milliardengeschäft. Warum wohl? Weil sich *alle* dafür interessieren, wie andere es treiben. Solange nicht gleich alle Männer anfangen zu denken, sie müssten uns auch mit einem primären Geschlechtsteil der Größe »Wilder Hengst« beglücken …

Frauen glauben, wenn ihre Männer Pornos anschauen, seien sie selbst nicht gut oder sexy genug. Ihren Männern würde etwas »fehlen«, sie würden ihnen nicht das geben können, was sie brauchen – das stimmt aber überhaupt nicht.

Eigentlich verfallen beide Geschlechter in Minderwertigkeitsgefühle und glauben, das, was in diesen einschlägigen Filmchen vorgeführt wird, könnten sie selbst niemals erreichen. Jedenfalls kommt es in keinen Statistiken vor, dass Frauen stundenlanges, hirnloses Rammeln durch einen Elefantenbullen bevorzugen.

für mich? … mit dir zusammen … Ist das jetzt ein Test oder was? … Darauf falle ich aber nicht rein … Ja, ich weiß, dass manche Männer davon träumen, aber … hallo, wo sind wir denn?! … ich doch nicht … brauchst mich gar nicht so anschauen … nicht mal, wenn du die vom dritten Stock … du weißt schon, die Blonde … nicht mal, wenn du die mitbringen würdest … also nicht mal dann … Was? … Nein! Ich steh überhaupt nicht auf die … ich will doch nur sagen, dass ich nur Augen für dich … Nein, ich will nichts von der … ja … und die will auch nichts von mir … das war nur ein Beispiel, wie glücklich ich bin … ein blödes Beispiel? … ja, kann sein … Aber … du weißt schon, wegen diesen Filmen … das wolltest du doch wissen. Ob ich … und da kann ich dir versichern … ich steh nicht auf so was … andere Männer ja, ich nein … Warum? … Naja, äh… mhm … weißt du… das ist doch ganz einfach … es ist doch so … ähmmm … kannst du mal kurz meinen Rücken kratzen … ja … da … ne, weiter rechts … jetzt doch links … und fester … noch fester … aaahh … danke, bist ein Schatz … hat ganz furchtbar gejuckt, so ganz plötzlich … nein, ich weich nicht aus … gar nicht wahr … Also, was wolltest du … du wolltest was wissen? … Ach so, ja …Pornos … und warum ich nicht, und die anderen schon … also die anderen … das verhält sich wohl so … die mögen vielleicht so was … weil … sie haben ja nicht *dich* … nicht so eine wundervolle süße Frau … wie ich … Also ich hab so was nicht nötig. Weil ich ja dich… Auch wenn wir es nicht mehr so oft wie früher …. Aber dennoch … ich brauch so was garantiert nicht.

Wie?! Schade?! Was meinst du denn jetzt damit? … Sonst würdest du dir mit mir … Was?! … du willst so was ansehen? … Wie nein? Was denn nun? … Du würdest dir mal gerne einen mit *mir* ansehen?! … Ja, aber die sind irgendwie … irgendwie … nicht so, wie du glaubst, dass sie sind … Woher ich das weiß? … Naja … Was? … Ich

Am Thema »Porno« scheiden sich die Geister vehement: Männer *mögen* es, Pornos anzusehen, und der Großteil aller Frauen *mag es nicht*, Pornos anzusehen. Ein weiterer großer Teil aller Frauen mag es nicht, wenn der Ehepartner Pornos ansieht. Und ein sehr geringer Teil aller Paare schaut sich Pornos gemeinsam an. Weil das ein so »heißes« Thema ist, wird es meistens heimlich gemacht. Es kann sogar passieren, dass beide Eheleute jahrelang heimlich nebenher Pornos gucken, aber keiner weiß vom anderen. Pornos begeistern die Männerwelt und erinnern sie an ihren biologischen Auftrag. Das ist an sich nichts Verwerfliches. Wenn sie bei dem Anblick von Frauen mit verdrehten Augen an die Evolution denken und dass sie etwas gegen das Aussterben unserer Art tun müssen, dann dürfen sie das doch! Das darf man einfach nicht persönlich nehmen. Manchmal ist es einfach hilfreich, die Dinge nicht *verstehen* zu wollen, sondern sie einfach zu akzeptieren. Das ist *nicht* gleichbedeutend mit resignieren! Sondern es zeigt einfach nur, dass Männer und Frauen unterschiedlich gestrickt sind und dass man es dabei belassen sollte, wie es ist, *ohne* ständig daran herumzunörgeln.

Es hat gar keinen Sinn, sich aufzuregen. Männer haben gewisse Spielsachen, so wie Frauen gewisse Spielsachen haben. Zum Beispiel haben Frauen gerne Schmuck, und Männer spielen gerne mit ihren Schmuckstücken ...

werd doch nicht rot … Verklemmt? … ich bin doch nicht … nee, überhaupt nicht … ich hab schon oft … ich meine … was? … was hab ich oft? … Ach so, genau das willst du gerne wissen … also … es ist doch so … also, von mir aus … wenn du gerne einen sehen willst … bitte … hol dir einen … Du scheinst da ja viel viel mehr Erfahrung zu haben als ich … Ob das …? Nein, das ist gar nicht schwierig. Du musst nur … also in unserem Videoladen … ganz hinten, hinter dem Vorhang, auf der linken Seite, ganz oben … Woher ich das weiß? … Du, jetzt juckt es wieder ganz doll! … ehrlich … was grinst du denn so … kratz doch mal … schau mich nicht so an … hat dein Rücken noch nie gejuckt? … Wie jetzt? … Jetzt gleich? … Du willst wirklich? … Aber wie sieht das denn aus, wenn wir da zu zweit … ich meine, hinter dem Vorhang sind nur … also normalerweise … nur Männer … sagt man … und … Was ist mit meinem Arsch? … Hochschwingen? … Ins Auto? … Jetzt? Du meinst das ernst? … Natürlich, was denkst du denn … natürlich hab ich Herzklopfen … Ich hab das doch noch nie gemacht … mit dir.«

Treue

Liebe Männer,

hat man es euch eigentlich schon erzählt? Ich meine, hat es sich *wirklich* schon herumgesprochen?

So, wie es nämlich im Moment läuft, bin ich mir nicht sicher, ob ihr wisst, dass es schon längst genug ist. Ich meine die Sache mit der Arterhaltung. Ihr *müsst* euren Samen nicht mehr unter die Leute bringen. Es gibt eine gute Nachricht: Ihr könnt euch entspannen! Es geht nicht mehr darum, so viele Weibchen wie möglich zu begatten, um das Aussterben der Menschheit zu verhindern. Wir sind mittlerweile genug. Ihr habt einen tollen Job gemacht! Ehrlich! So viele menschliche Säugetiere waren noch nie auf der Welt wie jetzt. Die Evolution hat ihre Freude an uns ... in Maßen, versteht sich.

Ich weiß nicht, ob ihr es wisst, aber Frauen finden es nicht besonders witzig, wenn ihr ständig auf der Jagd nach neuen Weibchen seid. Mag sein, dass ihr glaubt, hinter jedem Baum (oder auf dem Baum) gäbe es noch ein besseres Weibchen, aber das jetzige Weibchen möchte gerne wissen, ob es als Erbgut-Trägerin anerkannt ist oder ob es sich ein neues Lagerfeuer suchen muss, um sich zu wärmen. Wisst ihr auch, dass eure Brut auf *euch* fixiert ist und euch *braucht*? Nicht irgendeine neuartige Gesellschaftserscheinung, »Patchwork-Familie« genannt.

Oder ist es euch lieber, so viele Nachkommen wie möglich zu zeugen? Im Grunde kann man es verste-

Treue

Es gibt Erhebungen, die behaupten, dass jeder zweite Mann fremdgeht. Dies überrascht Männer nicht sonderlich. Mit dieser Zahl haben sie eher gerechnet. Schließlich kennen sie ihr Geschlecht. Ziemlich gut sogar. Mit dieser Form von Untreue konnten sie bisher ganz gut leben.

Aber die gleichen Erhebungen besagen auch, dass inzwischen jede zweite Frau fremdgeht. Und das ist etwas, womit kein Mann wirklich klarkommt.

Natürlich hat man sich ab und zu schon gefragt, woher das ganze Regiment der Frauen kam, mit denen die Männer … naja, Sie wissen schon, was sie taten … aber man kam doch nie auf die Idee, dass darunter auch die eigene sein könnte.

Eine wahre Geschichte, aber nicht minder tragisch. Ein Mann chattet im Internet mit einer dieser Superduperfrauen, die unbefriedigt von ihrem eigenen Ehemann Rettung im Internet suchen. Es wird so richtig heiß und aufregend, dass er sie unbedingt treffen will und findet im angemieteten Hotelzimmer … na ja, Sie wissen schon, wen.

Eine andere wahre Geschichte. Ein Mann, auch noch ein Südländer, lädt heimlich gefilmtes Material vom Internet herunter. Es zeigt eine Frau mit einem Mann in größter Leidenschaft, die keine Ahnung hat, dass sie dabei gefilmt wurde. Bedauerlicherweise erkennt der Mann die Frau. Naja, Sie wissen schon, zu wem sie gehört. Gehörte. Denn gleichzeitig ist Untreue bis heute der klassische Trennungsgrund.

Aber Männer sollten sich keine Hoffnungen machen. Selten lassen sich Frauen auf frischer Tat ertappen. Wenn hen, die Sache mit der Rente scheint doch nicht so sicher zu sein, wie man uns glauben machen will, da muss man wohl wieder ran ...

Ich weiß auch nicht, ob euch klar ist, dass euer Erbgut nur bis zu eurem 25. Lebensjahr die Warenklasse 1A erreicht. Ab dann sinkt die Qualität der Warenklasse rapide. Immer wieder liest man von Männchen, welche auch noch im hohen Alter frische, neue Weibchen begatten. Ihr müsst euch doch keine eigenen Enkel zeugen, die euch dann am Kindergartentor sagen: »Papa, bitte komm mich nicht mehr abholen, die denken alle, du bist mein Opa, das ist peinlich ...« Habt ihr das wirklich nötig?

Lasst einfach los! Ihr könnt euch entspannt zurücklehnen, ein Bierchen trinken und euch keinen Stress mehr machen – von wegen zwei bis drei Mal in der Woche sexuell aktiv sein, bis ihr die Löffel abgebt. Wer glaubt eigentlich diesen Statistiken noch? Die Befragten lügen doch, dass sich die Balken biegen! Wer möchte schon gerne zugeben, dass er der genetischen Anforderung nicht mehr genügt.

Ihr müsstet auch nicht mehr so viel lügen und hochstapeln ... weder über die Häufigkeit eures Geschlechtsverkehrs, noch über die Standhaftigkeit eures besten Stücks, noch über die Länge desselben.

Ihr dürft bei euch auch selbst Hand anlegen, ohne dass ihr dafür in eine Klinik für Sexsüchtige kommt.

Und – unter uns – es ist doch ziemlich stressig, zwei Frauen gleichzeitig zu bedienen.

Wer Bypass gefährdet ist, sollte ganz die Finger davon lassen. Ganz zu schweigen von den laufenden Kosten! Bei der wirtschaftlichen Unsicherheit ist es höchst unklug, sich in finanzielle Unkosten zu stürzen. Da könnt Ihr doch gleich lieber in Medien-Aktien investieren, die sind genauso unsicher wie eine Geliebeine Frau es nicht möchte, wird ein Mann niemals davon erfahren. Frauen können nämlich wesentlich besser Geheimnisse bewahren als Männer.

Bei Männern kommt es immer raus. Selbst wenn der Mann noch so viele Vorkehrungen trifft, wie eine andere unglaubliche, aber dennoch wahre Geschichte beweist: Eine zartbehütete weiße Frau bringt zur Überraschung aller nach neun glücklichen Monaten ein schwarzes Baby auf die Welt. Da ihr Mann ebenfalls weißhäutig ist, erwartet sie anstatt höchsten Mutterglücks ein außer sich geratener Ehemann. Aber sie ist unschuldig. Sie war ihrem Mann treu geblieben. Aber natürlich glaubt ihr keiner. Der Beweis liegt schließlich im Kinderbett. Die Frau beginnt nachzuforschen und findet die Wahrheit heraus. Ihr Mann war – natürlich aus reiner Langeweile – neun Monate zuvor in einem Bordell, und das geschäftstüchtige, aber nicht duscheifrige Freudenmädchen hatte direkt davor einen Schwarzen als Freier. Und so kam der Samen von Zentralafrika auf das edle Teil des weißen Mannes und wurde noch am gleichen Nachmittag in bester Ehepflicht zu einem empfängnisbereiten Ei getragen.

Bei Männern kommt es eben immer raus, bei Frauen nur wenn sie es wollen. Wenn ein Mann also von einer geilen Nummer seiner Frau erfährt – bei der er nicht dabei war –, dann ist dies ebenfalls weiblich geplantes Ziel. Denn wenn Frauen es wissen lassen, soll es aufrütteln, wachrufen, zurückholen, sagen sie. Frauen haben ihre siebzehn aushäusigen Orgasmen immer nur zur selbstlosen Rettung ihrer Partnerschaft, wollen sie uns glauben machen. Die Wahrheit ist jedoch eine ganz andere. Sie fühlte sich vernachlässigt, bekam zu wenig Lob, wurde keine sieben Stunden am Tag gekrault, hat keine siebenhundert verliebte Zettelchen am Eisschrank gefunden und bekam ihr Frühstück nicht jeden Tag ans Bett.

te. Die Konsequenzen heutzutage, wenn *Mann* sein bestes Stück in eine andere Dame als die eigene Ehefrau versenkt, sind vielfältig: Verlust der Kinder, des Hauses und des Freundeskreises, Verlust des Ansehens und der Gesundheit.

Das alles wegen dieser drei Minuten? Sind die wirklich so viel besser? Okay, am Anfang kribbelt es bekanntlich mehr, aber dann? Ist es nicht so, dass euch alles schon sehr bekannt ist? Also doch wieder auf zu neuen Abenteuern? Wie oft denn noch?

Stellt euch vor, wie schön es wäre, wenn ihr treu sein würdet. Ihr könntet euch morgens im Spiegel ins Gesicht sehen, bräuchtet keine Angst vor Krankheiten zu haben, wärt moralisch sauber (schöne Grüße an die »Thai-Bomber«) und hättet eine Chance darauf, eure Intelligenz walten zu lassen. Kommt mir jetzt nicht mit dem Einwand: Aber wo kommen denn die ganzen Frauen her, mit denen wir Männer fremdgehen? Das ist wahr. Aber die Verantwortung für sein eigenes Handeln jemand anderem zu überlassen, war noch nie besonders klug. Schließlich geht es ja um euch. Ist euch schon mal aufgefallen, wie viel Zeit und Energie ihr in die Aufrechterhaltung eurer Scheinwelt investiert? Spätestens jetzt müsste euch doch die Kosten-Nutzen-Rechnung einfallen.

Wegen kurzer Huldigung eures besten Stücks stellt ihr alles in Frage? Ach so! Die ganze Sache ist nur euren evolutionsbedingten Instinkten zu verdanken? … Klar! Ihr seid gar nicht untreu, weil ihr es wollt, sondern weil ihr es *müsst*!

Für eine Frau ist ein Seitensprung eine sehr ernste Sache. Völlig anders als bei Männern. Männer erwarten vom Sex nichts, außer dass er stattfindet, Frauen hingegen haben hier einen ganzen Katalog an Wünschen (siehe Kapitel Sex). Frauen erleben den Sex emotional, sie steigen ein und verlieben sich, vor allem sind sie mit Leib und Seele beteiligt. Während Männer nur mit ihrem ... na ja, Sie wissen schon, mit was.

Männern bedeutet ein Seitensprung *(wohlgemerkt der eigene)* meistens nichts. Für manche ist es einfach nur ein kleiner Zeitvertreib, man gönnt sich ja sonst nichts, es überkommt einen einfach so, die Gelegenheit ist da und hey, man lebt nur einmal und hat schließlich einen genetischen Auftrag.

Frauen dagegen planen, bereiten sich vor, duschen, ziehen neue Unterwäsche an, bauen sich ein lückenloses Alibi und genießen in vollen Zügen, während der Mann zu Hause den Abwasch erledigt. Frauen belassen es auch oft nicht beim One-Night-Stand. Sie holen meist all den Mangel der letzten Jahre nach. Damit sind sie einige Zeit beschäftigt und sehen anschließend meist keinen wirklichen Grund mehr, zurückzukehren und für ihren Mann die Waschmaschine zu füllen. Und genau dies macht die Sache zu einer ziemlich ernsten Angelegenheit.

Man hat schon notorische Fremdgeher gesehen, die weinend am Tresen zusammenbrachen, weil ihre Frau es auch einmal ausprobiert hat. Fremdgehen bedeutet, wie das Wort schon sagt, dass man sich fremd wird.

Wenn Sie jetzt im Bett liegen und zu zweit das Buch lesen, sind Sie gesegnet, denn dann wissen Sie wenigstens, wo Ihre Süße gerade ist. Allerdings sagt dies nichts darüber aus, wo sie heute schon überall gewesen ist. Apropos, Schatzi, was hast du heute eigentlich gemacht?

Who's the boss? Der Test

Wenn Sie als Frau glauben, Sie würden zu Hause von Ihrem Mann unterdrückt – und wenn Sie als Mann glauben, Sie hätten zu Hause das Sagen, sollten Sie folgende Fragen beantworten.

Vielleicht ist so mancher Mann von seinen eigenen Antworten überrascht, vor allem da Männer ja immer glauben, dass sie eigentlich zuhause … Naja, Sie wissen schon was.

Frauen dagegen wird das Ergebnis des Testes sicherlich nicht sonderlich erstaunen. Haben wir nicht schon gesagt, dass sie ziemlich intelligente Wesen sind?

Damit aber auch weiterhin alles beim Alten bleibt, sollten Sie diesen Test unbedingt geheim halten. Am besten, Sie kleben diese Seiten einfach zu.

	Frau	Mann
Wer hat die Wohnung eingerichtet?	O	O
Wer bestimmt, was es zu essen gibt?	O	O
Wer bestimmt das Fernsehprogramm?	O	O
Wer entscheidet, was der Mann anziehen soll?	O	O
Wer hat die meisten Fläschchen im Bad?	O	O
Wem gehören die Pflanzen?	O	O
Wer bestimmt, wann es Sex gibt?	O	O

Wer kauft das Essen ein?	O	O
Wer darf länger telefonieren?	O	O
Wer kann den Staubsaugerbeutel blind auswechseln?	O	O
Wer bestimmt, wie verhütet wird?	O	O
Wer kontrolliert den aufrechten Sitz der Sofakissen?	O	O
Wer beansprucht mehr Platz für seine Klamotten?	O	O
Wer bestimmt, in welchen Kinofilm man geht?	O	O
Wer wählt den Urlaubsort aus?	O	O
Wer bestimmt die Farbe der Bettwäsche?	O	O
Wer entscheidet, ab wann es ordentlich ist?	O	O
Wer entscheidet über die Zimmertemperatur?	O	O
Wer bekommt mehr Decke im Bett?	O	O
Wer wärmt sich die Füße bei wem?	O	O
Wer redet mehr in der Partnerschaft?	O	O

... und kein Ende in Sicht!

Das ist sie also, die Wahrheit. Die ganze Wahrheit und nichts als die Wahrheit. So streiten Männer und Frauen, so versöhnen sie sich wieder, so lieben sie sich und so verzweifeln sie.

Uns geht es da nicht viel anders. Und trotzdem sind wir glücklich.

Wir schaffen es glücklich zu sein, weil wir immer wieder einfach nur lachen müssen - über uns selbst und unsere ganz typischen männlichen und weiblichen Eigenschaften.

Und wir verdanken unser Glück natürlich der Erkenntnis, dass wir aus unserem archetypischen Gewand nicht herauskönnen.

Warum auch? Warum sollte ein Mann eine bessere Frau sein und welcher Mann will schon seine Frau als ganzen Kerl im Bett haben?

Ja, Männer und Frauen sind anders. Und gerade das macht es so spannend. Das Glück in unserer Partnerschaft begann jedenfalls erst richtig, als wir uns in aller Tiefe erkannten und so sein ließen, wie wir waren.

Nach 15 Jahren Ehe gibt es für uns eigentlich nur drei Dinge, die in einer Partnerschaft wirklich wichtig sind: Lachen, lachen, lachen. Männer und Frauen sind doch auch nur Menschen. Liebenswerte Menschen, die immer nur ihr Bestes geben wollen.

Natürlich klappt das nicht immer ganz so gut. Vor allem unter der Beobachtung des Partners, der kein Blatt vor den

Mund nimmt. Na und? Liebe ist, wenn man trotzdem lacht.

Denn wenn wir all das ernst nehmen würden, was unser Partner so täglich liefert, würden wir uns selbst ziemlich oft lächerlich machen. Wenn man jedenfalls nicht mehr in alle Themen einsteigt und ständig versucht, den Partner zu erziehen, hat das Ganze noch einen anderen großen Vorteil. Man darf meist auch selbst so bleiben, wie man möchte.

Es lebt sich also wesentlich gelassener.

Gibt es eine bessere Vorraussetzung für eine glückliche Partnerschaft?

Wir haben jedenfalls vor, noch weitere 15 Jahre miteinander zu lachen. Um dann noch mal 15 Jahre draufzulegen. Vielleicht lachen wir da schon mit geschlossenem Mund – Sie wissen schon, wegen der Zähne …

Unser Ziel ist einfach nur: Hand in Hand – die Stärken liebend, die Schwächen verzeihend – leichtfüßig gemeinsam in die Zukunft zu tanzen.

Aber nur, wenn die Socken unter dem Sofa verschwinden und die Straßenkarte bei der nächsten Autofahrt nicht aus dem Fenster fliegt.

Der ganz alltägliche Beziehungswahnsinn

ist auch als Hörbuch erhältlich!

Der ganz
alltägliche Beziehungswahnsinn
Was er denkt, was sie meint

2 CDs
Gesprochen von Michaela Merten und Pierre Franckh
€ 14,95 [D] / € 15,10 [A] / sFr 28,70
ISBN 978-3-7205-7000-8

So hört es sich an, wenn Michaela Merten und Pierre Franckh miteinander über Kücheneinrichtungen und Straßenkarten streiten, sich beim Tanzen wieder versöhnen und abends auf der Couch gemeinsam darüber lachen.

ARISTON